知识生产的原创基地
BASE FOR ORIGINAL CREATIVE CONTENT

颉腾商业
JIE TENG BUSINESS

变革正道

约翰·科特（John P. Kotter）
［美］瓦妮莎·阿克塔尔（Vanessa Akhtar）◎著
高拉夫·古普塔（Gaurav Gupta）
杨斌 徐中◎译

CHANGE

HOW ORGANIZATIONS ACHIEVE HARD-TO-IMAGINE RESULTS IN UNCERTAIN AND VOLATILE TIMES

中国广播影视出版社

图书在版编目（CIP）数据

变革正道 / (美) 约翰・科特, (美) 瓦妮莎・阿克塔尔, (美) 高拉夫・古普塔著; 杨斌, 徐中译 . -- 北京 : 中国广播影视出版社 , 2023.4
ISBN 978-7-5043-8993-0

Ⅰ . ①变… Ⅱ . ①约… ②瓦… ③高… ④杨… ⑤徐… Ⅲ . ①企业改革—研究 Ⅳ . ① F271.1

中国国家版本馆 CIP 数据核字 (2023) 第 067049 号

变革正道
[美] 约翰・科特（John P. Kotter）
瓦妮莎・阿克塔尔（Vanessa Akhtar）
高拉夫・古普塔（Gaurav Gupta） 著
杨斌 徐中 译

策　　划 颉腾文化
责任编辑 王 萱 彭 蕙
责任校对 龚 晨

出版发行 中国广播影视出版社
电　　话 010-86093580 010-86093583
社　　址 北京市西城区真武庙二条 9 号
邮　　编 100045
网　　址 www.crtp.com.cn
电子信箱 crtp8@sina.com

经　　销 全国各地新华书店
印　　刷 文畅阁印刷有限公司

开　　本 640 毫米 ×910 毫米 1/16
字　　数 139（千）字
印　　张 14.25
版　　次 2023 年 4 月第 1 版 2023 年 4 月第 1 次印刷

书　　号 ISBN 978-7-5043-8993-0
定　　价 79.00 元

科特教授的新书《变革正道》具有颠覆性。他和他的合著者对组织变革战略中不为人知的逻辑和心理因素提出了深刻的洞见。如果你想让自己的组织在威胁中求生存，在机会中求发展，本书必读。

——凯利·金（Kelly S. King）

Truist 银行董事长兼首席执行官

本书注定会给很多行业和企业敲响警钟，成为一个长期谈论的经典。这本书写得非常好，简洁明了，切中要害，清晰地梳理出了一系列变革的概念，无缝地融入研究/例子/案例中，并对组织变革的“旧方法”和“新方法”进行了令人信服的对比。最重要的是，本书以强有力且可信的方式阐述了变革的新理论和新方法。

——比尔·德克尔曼（Bill Deckelman）

DXC 技术公司执行副总裁兼总法律顾问

正如科特教授在咨询工作中所做的那样，他让领导变革的复杂挑战变得能够从容应对。无论你是在进行战略变革、组织变革，还是只试图适应当今世界变化的速度，本书提出的“变革理论”都具有很强的实用性和可行性。在我们准备迎接后新冠疫情的世界之际，对那些想要在与疫情前完全不同的环境中繁荣发展的公司来说，充分激发员工的想象力和能量从来没有像现在这样重要过。这部杰作可以帮助公司为迎接这个巨大的挑战做好准备以及抓住机会。

——杰茜卡·德夫利格（Jessica DeVlieger）

C Space 全球首席执行官

这本书很全面、很综合，可以帮助像我这样的领导者从短期工作的压力中抬头看天，关注我们将要面临的更大问题。这本书提供了一个大多数 CEO 或董事长都能立即理解的变革视角。它与我们今天面临的挑战息息相关。

——安东尼·麦考德（Anthony McCord）

纽约市公共交通管理局首席变革官

本书中关于变革的时代背景、历史演进和案例研究展示了一种新的变革思维与行为方式，言简意赅，切中要害，发人深省。这是对所有想要从基层管理者成长为公司、行业和社区的重要领导者的行动号召。

——道格拉斯·威廉姆斯（Douglas Williams）

HMS 控股执行副总裁兼首席运营官

不同于其他关于变革的书籍，本书的重点是三大类关键的影响因素：人类的大脑神经连接系统（基于威胁的求生反应/基于机会的求兴反应）；现代组织结构及其是如何阻碍变革的；领导力可以来自组织的各个层级而不仅仅是组织高层。本书完美地描述了当今各种类型的变革：自上而下和指标驱动的变革方案，以及一种基于研究和实践的新方案（其效果要好得多）。“双元系统”组织的思想很妙，而且非常有必要，因为我们的组织必须同时拥有现代组织结构所提供的可靠、效率和规模，以及网络组织带来的适应性、敏捷性和灵活性。

——彼得 · 金（Peter Kim）

Thermo Fisher 科技公司副总裁

现在，变革无处不在，但还没有广泛认可和行之有效的方法来应对变革。变革和创新面临各种障碍，其中最大的阻碍往往来自现有组织本身。科特和他的合著者在本书中展示了如何建立一个能够促进与拥抱变革的新系统。他们用一个又一个故事讲述了如何在持续产生短期成果的同时，增加提升组织战略敏捷性和响应速度的资源。本书还阐明了如何让你的组织为下一个重大变革做好准备。这本书富有启迪性，引人入胜，写法精湛。

——艾伯图 · 艾拉斯（Alberto Irace）

意大利罗马 ACEA 前首席执行官

“求生/求兴”模式是一个非常有意思的概念，在全书中都有很好的阐述。本书的理论研究和案例研究，涵盖了变革的所有要点，并进行了清晰的阐述，让本书成为脑科学和行为科学在组织变革中的一个非常接地气的应用。书的前两章就可以自成一体，独立成书。第 9 章和第 10 章也很特别，社会运动可以从组织变革中学到很多经验教训，反之亦然，这一思想既有趣又发人深省。科特倡导让越来越多的人发挥更大的领导力，激发读者寻找更多的机会和方式来发挥自己的领导力。

——安东尼奥 · 博达斯（Antonio Boadas）

海尔 / 通用电气公司首席沟通官

强大而及时的思想领导力，填补了领导变革领域的空白。

——查尔斯 · 弗利特（Charles Fleet）

Omnitracs 公司首席变革官

这是一本极富真知灼见的好书，与当今世界息息相关。在技术领域则更为重要，如果你变革得不够快，就会被超越。自我革命往往是取胜的关键。在技术领域，你不能“在战略上计划”你的成功之路。尽管世界的发展速度如此之快，竞争如此激烈，风险也越来越大，但当你读完本书，你会深受鼓舞——鼓舞你去引领变革。

——坦纳 · 奥泽利克（Taner Ozcelik）

ON Semiconductor 高级副总裁兼集团总经理

变革是一门科学，约翰 · 科特是变革大师。作为领导者，我们在过去有效的行为方式，在当今这个快节奏、快速变化的世界中却可能失效。在《变革正道》一书中，科特和他的合著者以一种浅显易懂的方式阐释了变革的新兴科学，并分享了他们在领导变革和获得伟大商业成果方面的丰富经验。如果你已经很熟悉科特教授的作品，本书将是你先前所学知识的自然而重要的延伸。如果这是你第一次阅读科特教授的书，本书会让你受益匪浅，让你的事业更加繁荣兴旺。

——安德斯·温瑟尔（Anders Vinther）

Sanofi Pasteur 公司前首席质量官

在这个日益复杂的世界中，每位领导者都需要这本书来实施有意义的变革并取得成果。这是科特关于领导力的又一部杰作。

——Reihaneh Irani-Famili

National Grid 副总裁

变革淘英雄　求兴育长青

杨斌

（清华大学经济管理学院教授，领导力研究中心主任）

在MBA或者高层管理教育项目中，与变革有关内容的教学通常会安排在比较靠后的阶段。这样就能够将之前按学科或者管理职能拆分到各门课程中的专业知识，在后期推动战略与组织变革的师生探讨中进行“总成”似的操练。英文用词叫capstone，中文常直译作“顶石”，变革（再之前常常是战略）就常被作为MBA或者高层管理教育的“顶石课”，也顺带检验一下学员是否“学成文武艺”，可以“下山闯江湖”了。

之所以用变革来检验学员学习的成色，是因为变革知识的综合性、全局性。从对学员的本领要求看，真的是要“软硬”兼施。例如，并购、重组既要能从财务、治理的角度做方案，还要从组织和人的角度推动方案落地，既得有理性分析，还得有利益洞察、文化透视。变革的案例经常可以分成几个，不同学科的老师分别带着讨论、深研，又聚合在一起决策、定夺。目标正确的事儿就能顺利变成现实吗？恐怕还得再经受八十一难。

而变革又实在是关乎利害，且分化巨大。如果说做研究得结论要考虑所谓的“幸存者偏差”之类的效应，甚至可以断言，所有你看到的有过些许历史的企业，都是经历若干变革后的幸存者。而令人叹息“转头空”的失败或者衰落，又往往可以归咎到推动变革之败，或逃避变革而衰。哈佛大学商学院教授、商业史专家理查德·泰德罗（Richard S. Tedlow）认为，任何一个商人如果想成为伟大的企业家，就必须对变革持开放的态度，重新创造出超预期的创新，这是商业世界的一个基本规则。

就像领导力从组织行为学中被单独拎出来，聚焦成为一个关注方向一样，变革也在近20年间从组织、战略、创新里面的一个构成单元，一跃成了商业杂志和管理教育中的焦点领域之一。以各种面向产业界、实务工作者为读者对象的《管理评论》《商业评论》杂志为例，每年都少不了做一期“变革”专题，变革成败通常是杂志的封面文章，变革英雄也会给予年度企业家标签的赞誉。

今天，我们身处新技术、新发明不断涌现的数字化时代，变革对于企业的重要性不言而喻，但企业如何快速高效地推行变革？当下，学术界对变革方面的可靠研究，其实一直是严重不足的。变革理论，或者说对变革的总结、提炼、抽象、概括，一直滞后于商业实践，各种诠释解读，还不能够较为科学地“得证”。也就是在这样的（实践的）蓬勃与（理论的）饥渴中，人们从一些代表性的作者身上汲取着智慧，接受其启发，应用到实际，以行动求索。

这些作者中，首屈一指的，应该是约翰·科特教授。变革的学问绕不开他——不是说要故意躲开他，只是说明他对于变革这个领域的贡献之重要，有着某种奠基的性质。他所提出的一系列概念、原理和一整套框架、体系，近20年来以各种方式影响着管理研究和企业实践。他常被媒体报道冠以“变革大师”的名号，他大概不会领受——不管是企业家还是管理学者，大师的头衔更像是个“诅咒”，恰似科特教授自己无数次说过的“自满阻止变革，终将导致衰亡”，改变是社会的常态，改进是商业的铁律。

作为作者，科特教授每过一段时间，就会和他的团队发布一个他的变革思想体系的“升级版”，将他们从实践中总结、研究、发现的最新成果发布出来。值得一提的是，科特教授的新书问世，大多都会高居畅销榜单，更是年度最佳管理类书籍的常客。定位也很清楚，躬身入世的科特教授所写的这些书，越来越倾向于面向企业界以及更大范围的实践中的各类组织，以期塑造领导者的变革头脑，丰富各类组织的变革工具箱。

而之所以会有这本书，科特教授在书中说，最重要的原因是受到近些年来快速发展的脑科学重大新发现的影响，让他们敏锐地抓住对求生和求兴这两种驱动力的脑科学研究，来解释组织成员抵制或是促进变革的行为逻辑。作为畅销书作者，确有其慧眼妙笔，“求生”与“求兴”这对概念，非常抓人，穿透力强，贯穿全书，相信会成为“变革八步”“冰山在融化”和“紧迫感”后的出圈大杀器。当然，书中也进一步阐发了他在《变革加速器》中提出的双元驱动组织等概念，将它们归纳、融入体系中，这也是科特教授的经典风格：与时俱进的同时，保持与前承继；其命维新的同时，注重一以贯之。他每一本新书，确实都在迭代升级。

变革，其实是个共性的统称，涵盖了企业和组织从旧状态到新状态的各种系统性变化。本书的第二部分，作者没有泛泛谈变革，而是分类阐述各类组织正在实践的七种主要变革模式，每一种都从失败和挫折的实际企业案例（很多是科特教授的客户）来具体解析问题和症结所在，也有些企业是因为做对了什么又让变革回到正轨，加速前进；当然也有企业永远失去了这种可能，付出了令人叹息的代价。七种变革模式分述，但都不离其宗，精准对应到了第 2 章所阐述的“变革新兴科学”的三大体系中，尤其是将“求生”与“求兴”的辨析、拆解，忠实地贯穿于每个例证中，武装你的头脑，磨亮你的透镜。

这七种变革，分别涉及战略规划、数字化转型、重组、文化变革、兼并收购、敏捷方法，以及人们越来越关心的各种社会行动。每论述一种，都先解析实践中“传统”或“常见”的做法所带来的越来越多的弯路和误区，激发阅读者的问题意识，把自己摆进去，沉浸于各类变革的探索之中。譬如战略规划的“总部里转圈圈”，太过强调数据与分析，而无法应对不确定性与速度的挑战；数字化转型只关注技术，不能应对转型带给人们的焦虑，数字化与业务单元没有进行组织整合；业务重组对信任、注意力、士气和个人生产力的抑制；以及社会行动中的雷声大雨点小，久久不见其功，等等。相信其中不少内容一定会让饱受其苦的你颇多共鸣。

科特教授为什么要细写这么多种变革方法？一方面是对“变革新科学”做更有力的论证，证明给（特别是有理论好奇心的）你看，虽然变革种类不同，但殊途同归，毛病和解法呈现共性。另一个原因，则是方便实践者对号入座。如果你很忙，更期待的是指导，想要上手解决自己眼前的变革问题，那么这七种变革就不必逐一细读——从节约读者时间的角度出发，作者特别提出，第二部分完全可以直接开读你最关心的那一章。这七章的写作是并列而非递进的关系。所以，如果你在通读这部分时感受到了有些重复、多次强调，那是因为这部分的写作设计，就是要保证七章各自完整。

特别想要推荐大家品读的，是本书的第 10 章。就像明茨伯格的书名用了进行时的 *Managing* 一书，是对他几十年前最早的论文《管理者的工作：传说与事实》的回响与升华一样，科特教授这里又一次让我们回想起了 *What Leaders Really Do*

这篇精彩文章中的“领导即变革”。如果你碰巧是领导力教育方向，是我的同行，这一章很适合作为你的组织与领导力课程的延伸素材。与之前不同，此次更有时代新意的升华，突出了“人人发挥领导力”的坚定信仰，这出现在变革的讨论中，意义尤深。

尽管领导力书籍和变革案例中充满着卓越的、英雄般的伟大领导者和他们影响深远的决策的故事，但我们越来越清醒地认识到，人类绝不可能依靠少数伟人、拍板决策来解决所有的问题，更行之有效也更有进步意义的做法是——更多人发挥更大的领导力，这才是建设成功组织与繁荣社会的正道。

这不由让我们想起英国经济学家舒马赫在《小的是美好的》中的妙喻：理想中的组织方式，可以用一个抓着一大把气球的人来作比喻，每个气球（组织成员、组织的组成单元）都有自己的活力、上升力——这是创新力，也是领导力。这个比喻与我们熟悉的树状图相比，是跃跃求兴，还是惴惴求生，组织有着截然不同的力量走向未来图景。

更多人发挥更大的领导力，暗含着三层意思：其一，领导力应当更普遍地成为普通人、职场人日常事（课业）当中的基本功，这不仅是应然而且完全可能实然；其二，更多人发挥更大的领导力，既是复杂快变紊态形势下推进变革、收获成功的保证，同时也可以认为是经历变革对于组织的重要产出，是变革过程本身对组织活力、创新力的贡献；其三，人的成长必须得在事上磨，变革正是让领导者得到深度锻炼和加速成长的绝佳熔炉。

第10章也再次紧扣在第二部分七个章节反复奏鸣的“求生”与“求兴”乐章，系统地提出了“舒缓过度的求生反应，激活休眠的求兴频道”的五条建议。求兴，才能鼓励更多人发挥更大的领导力，才能让组织中的主人担当、主动积极、创新创造得到较为充分的激活与发挥。对此，我有个阅读建议就是，针对你本人，结合你的实际情况，全面评估当前你在求生和求兴两个频道上的表现水平，包括向周围的同事或朋友征询反馈，深入地理解自己求生反应的触发因素，以及这些触发与提示（prompt）是如何影响你的领导力发挥和创造与贡献行为的；从行为设计的角度，建立切换你的求兴频道的日常习惯，让好奇心、想象力与创造性能滋养你的每一天。

创业常被看作“九死一生”，变革之于大型组织，虽然不是短期可见的生死，未达目的的偃旗息鼓绝非少数。尽管书中有不少例子是与作者在科特国际咨询公司的咨询工作有关，但书中还是以严肃的笔调和真实的案例（部分案例隐名），让读者们充分意识到了变革的复杂性、挑战的高难度，组织因此所承受的高风险。即使某些例子貌似有了满意的结局（happy ending）——事实上，企业经营哪里有什么结局可言，永远在路上、总是进行时——也还是且慢鼓掌，风物长宜放眼量，辨材须待七年期。以“变革淘英雄”作为题目，文眼是“淘”字，而不是英雄；那些变革英雄的标签能贴多久，着实说不准。尤其是很多变革，短期、二三年甚至五六年的成效，以可衡量的目标、指标来打量虽说亮眼，但时间一久或是遭遇大难后再回首，常能发现当初埋下甚至与之并生的重重隐患。

但在认清这些真相的同时，仍然要坚定地、科学地拥抱变革，因为这是组织“活下来”并实现真正的成长，人与组织获得**生的赓续**与**兴的繁荣**之必需。尤其是当下，变革不是偶发的十年廿载一遇，没有谁还能笃信可以安然度过一个风平浪静的职业生涯；在这个时代，变革是新常态，持续地以各种样貌在组织中高频次发生；领导变革，不是组织高管的特有挑战和专属本领，而是我们每个人都需要具备的基本功。每位职场人士的很大一部分工作就是思考如何应对变化。在这个意义上说，《变革正道》不是少数领导者借鉴指导实践的商业管理书籍，而是真的会让更多人开卷受益，在变革中探寻求兴的正道。

在 2022 年国内疫情的起起伏伏中，徐中博士与我一起学习和翻译，从他身上我持续地感佩到浓烈的求兴精神，与他的互动是我的一个有效的 prompt；最后的推敲订正是在岁末年初，科特教授长期耕耘的坚持精神与书中洋溢着的理性与积极的情绪，也砥砺和鼓舞着“过阳”中的我们。

“*昨夜的潮汐，今晨已褪去；归来的渔民，叫卖着刚刚经历的风雨。*”躬身入局，挺膺负责，步履不停的变革弄潮儿，惟“*愿那海风再起*”。

……

求生与求兴（Survive vs. Thrive）

杨斌
（清华大学经济管理学院教授，领导力研究中心主任）

约翰·科特教授在他的新书《变革正道》（*Change*）中，从人类天性、神经系统本质的角度引用了很有启发性的一对概念：英文是Survive和Thrive，中文翻译我们斟酌信达，定为“求生”和“求兴”。

你可以把求生和求兴形象地理解为两个雷达频道。求生频道聚焦于控制着我们的环境风险，由人类早期多是对生存威胁的警惕一路发展而来。而今，求生频道应对的焦点包括对职业、权力、利益、关系的各种损失和危害。一旦触发报警，信号就会立即激活交感神经，分泌肾上腺素，切换到“战斗模式”，让我们专注在消除这些威胁上。其间，无暇他顾，直到报警信号解除，才会重新放松下来、冷静下来，恢复更多更宽的信息收发通道。

求兴频道则是面向机会探寻的，具有较强的发散性，当机会出现、信号激活时，我们的能量虽然会增加，但不会急剧增长达峰。求生频道激活的多是焦虑、恐惧或愤怒的情绪，而求兴频道充盈着的则是激情、自信与好奇的能量；求生收缩着关注范围，求兴拓宽了视野半径。求兴这种积极的情绪让我们拥抱协作、创新和变化，增长中的能量所带来的某种亢奋可以持续较长时间而不觉疲累。如果以很多人都熟悉的优势、劣势、机会、威胁（SWOT 分析）这个粗放框架的角度看，求生频道容易令全脑、全身都是劣势与威胁，求兴频道则满眼、满心充满优势与机会：满眼，是因为人们看到他们希望看到的；满心，是因为人们将看到的解读为他们想要的、相信的。

人的求生频道的进化，不算是很顺利。从农业社会、工业社会发展到信息社会，发展至今，最值得关注的，就是整个回路大大延长，不再能快起快落，疾放疾收。当威胁发生、触发报警时，因为问题的综合性、风险的多元性，以及组织的复杂性，无法再像人类早期那样能够快速解决问题、消除影响而尽快还原。常常见到的情况，就是求生状态会持续相当长的一段时间，高度警惕导致的能量消耗，甚至会进一步带来过度紧张，情绪上反映出来则是异常疲惫、心烦意乱。于是，只想尽快解决问题，退而求其次，而不得不以问题的局部解决，相当多的时候是以症状解而非系统解的方式，来谋求权且能将求生频道关闭。

这也解释了为什么很多外界关注并不大的偃旗滞顿，比起因为全社会关注的因具体事件而触发的急迫危机，带给组织及其领导者的长期实际影响还要大——事“急”迫使立断，势“积”却常拖延，于是就忸溺在某种求生主导的状态中无法自拔。科特教授认为当前世界的一个基本现实就是，当我们希望引领成功的变革时，就要懂得求生与求兴这两个频道的切换逻辑，尊重并加以利用，既要防止求生频道过度反应、挥之不去，又要有节奏地激活更多组织成员的求兴频道。

组织成员在求生与求兴频道间的切换，对变革走势乃至成败有多要紧？可以有很多细致的分析。处于求生频道激活中的组织成员，常有做得最好也只能是零分之感，常有命运掌握在他人或（较差的）运气手中之感，常有与邻启衅、你输我（才能）赢之感；而只有求兴频道的打开，才能看到奔头、盼头，才能开拓思路敢放手去搏，才能无畏（藐视）风险拥抱团结。尤其是在很多变革都会经历绩效先下行、再恢复，最终超越的那样一个勺形走势，鼓舞人们与变革同心同行，除了靠对领头人的信任之外，很关键的是如何让大多数人的求兴频道激活——包括让人们看到（也许是）因为变革而已经带来的积极成果，让前途的不确定性更多地呈现为一种跃跃欲试，一切仍有可能。

这并不容易，却是变革必需。

求生、求兴的两分法难免让人觉得有些“粗暴”，但对于我们思考“变革”问题还是颇有启发性的。事实上，科特教授最早提出的“变革八步”，第一步就特别强调“紧迫感”的激发对于全体组织成员投入变革的极端重要性，并在《变革之心》中特别突出了如何能让人们（尤其是中层管理者和广大基层成员）“（亲眼）看到、（用心）感受到”而不只是“（看数据）分析、（用脑）思考”，对于激起“我们得要变革”的主动性、主人公意识（是我的事儿，从我做起），意义是完全不同的。高深的道理，详细的数据，在鼓舞大众投身变革上，很多时候是比不上具有激发性的场景、戏剧性的故事和冲突性的事件的。

在《变革之心》中，科特教授用脑（Head）与心（Heart）做比较，传神，服人。后来又加上了我得（Have-to）与我愿（Want-to），进一步丰富，一脉相承。感受到并坚定了“我有机会抓住这个变革机遇而得到成长，与组织共同转型发展”的成员，比起那些“不得不、被动参与到扑面而来的变化（进而担心个人成为受损者）中”的人们，能够创造性、创新性地推动变革，能够有更强的主人公意识——自主担当，自信去创。

在清华教学时我也常以“远水”和“近渴”与“人”和“事”所切成的四象限，来启发管理者审视近渴对远水的排斥、削弱。以业绩表现、组织发展和创新探索三维坐标系所组成的空间来描绘公司定位时，很多企业家也意识到业绩表现主导下的求生压力，怎样消耗着公司在人的“新民”和事的“新路”

上的求兴投入。也许你还可以联想到史蒂芬·柯维的“七个习惯”中的重要与紧急之别，其普适性可不仅仅关于时间管理。

殊途同归，诸法如一。求生激活的“我得”（发音是[děi]，不得不之意）巨大，而求兴才会给予“我愿”更多可能。求生求救于更多专注权宜计算的分析与解决，求兴开放了拥抱长远想象的尝试与探索。按照詹姆斯·卡斯（James P. Carse）教授的区分，求生是一场有限的战斗，求兴则是一场无限的游戏。求生以结束为目的，求兴以永续为期冀。求生以重拾稳定为安，求兴以打破现状为好。

科特教授在《变革正道》一书中举了相当多的企业案例，很多是他和自己咨询公司的客户或研究对象，成败都有（甚至失败的还多一些）。他以这些变革实践的例证揭示，在变革中我们怎样不知不觉地就沉潜到了求生频道中，数字化转型、业务重组、收购兼并都是如此，而如果不能以有效方式缓释乃至节制（常过度的）求生，激活促进（休眠中的）求兴，那么难有长期来看、全局而言的善变善成。如何做到这一点，科特教授也提出了一些带有领导力意味的建议。其中包括降低企业中诱导求生反应的噪声，识别触发求生的各种开关和独特环境，通过庆祝进步点亮求兴的憧憬，等等。而这些建议的本质是：读懂组织，读懂人性。

在《变革正道》一书中，科特教授特别谈到了日益发达的社交媒体对于求生频道的触媒作用。人们越来越频繁地被各种来自全球全时区的自增强性的负面信息所羁绊，求生雷达长时期处于高度警戒状态，会导致人们的健康（特别是心理健康）遇到难以摆脱的困顿，对人们的基本认知倾向产生很深远的刻印。

从个体而言，这样的求生与求兴的“透镜”思考，也有难得的反躬自省的意义。当我们被锁定在求生频道所主导的氛围中，就需要主动突破，找到破冰的方式来调节以平复，乃至结束，尽早切换到自己的求兴频道，只有这样，我们的未来才有更多变革、更多积极的可能。毕竟，人生的价值，不在于求生。①

① 本文原发表于《周末画报》2022 年 12 月 21 日刊。

前言 | PREFACE

“前言”是专门写给一部分读者的，以帮助他们更好地了解本书中变革思想的演变，以及支持这些变革思想的证据。如果你并不关心这些，则可以略过这一部分，直接阅读本书的第1章。

本书的研究起源要追溯到数十年前。最开始，我并没有专注地研究变革。我当时以及延续到现在的研究兴趣都是广义上的组织绩效问题。为什么有些组织的业绩表现优于其他组织？为什么有些经理人和高管能够创造出更多、更有价值的成果？是什么让个人和组织长期保持高绩效？这项研究自然而然地将我的注意力引到了“变革和领导力”这一主题上。研究本身一次又一次地提供了令人信服的证据，证明这个世界的变化越来越快，而如何应对这个加速变化的现实世界成为持续获得高绩效的关键。

在将近50年的时间里，我在哈佛商学院的同事，也包括近些年在科特国际（我参与创办的咨询机构）的同事，总共启动了16个研究项目，每个都持续数年。我估算了一下，我们对600多个组织进行了相当深入的研究，其中大部分是企业，但研究对象也包括了卫生、教育、政府和其他非营利性行业的各类组织。我们近距离地研究了众多的专业人士、中层经理和组织高层，他们大多来自商业界，但也延伸到很多其他领域。实际上，我们这类研究所涉及的第一个对象就是20个大城市的市长，研究他们在动荡的20世纪60年代是如何管理的。

尽管我们如何收集信息的细节因项目而异，但有一个共同点是，强调通过观察和访谈获得类似于案例研究的详细信息。没有一个项目完全依赖于问卷调查或其他人的数据库。处理这些信息的方法称为定性分析方法。我们一直在持之以恒地努力找出驱动组织成功和失败的关键要素。

我相信，这个近距离研究组织是如何在一个快速变化的世界中获得成功和努力奋斗的项目，是有史以来同类项目中规模最大的。

此外，在过去的十多年中，科特国际咨询公司已经将这些研究结果转化成通俗易懂的工作手册。当与使用这些工作手册的人一起工作时，我们已经观察到，我们对变革的深入理解在实际工作中是如何发挥作用的。其结果是：在一个又一个变革项目中，我们发现高管们说出了一些与本书相类似的观点。其中一位高管说："我们今天所取得的成就，在两三年前是大多数员工难以相信的。"

我们的研究成果已经通过各种渠道传播，包括教育项目、《哈佛商业评论》的文章、各类演讲、博客和主流媒体，其中最主要的是书籍，目前已出版21种图书，有12种成为畅销书。《冰山在融化》（*Our Iceberg Is Melting*）和《紧迫感》（*A Sense of Urgency*）登上了《纽约时报》的畅销书榜单。《冰山在融化》在德国和荷兰占据商业书籍榜首长达一年多。

在年度最佳商业或管理书籍榜单中，我们有13种书获奖。例如，《公司》（*Inc.*）杂志、圣彼得堡国际经济论坛、战略+商业和特许管理学会都将《变革加速器》（*Accelerate*，2014）评选为年度最佳书籍。《领导变革》（*Leading Change*，1996）或许是这些书籍中最著名的一种，已被翻译成26种语言，被《时代》杂志选为有史以来最具影响力的25种管理书籍之一。

四年前，促成本书的最新研究项目正式启动，当时科特国际成立了一个研究小组，专注于脑科学的最新成果。我们很快得出结论，这方面的研究在过去20年中已经有了相当的发展。我们认为，这项工作与我们自己对“人类天性”的研究，以及观察它们在抵制或促进变革和创新方面的作用有很大的交集。

此外，来自脑科学的洞见、数十年的变革研究、越来越多的重要咨询经验，与商业史、组织研究、领导力和社会人类学等方面的一些开创性工作的结合，给我们理解人们为什么会在变革中挣扎，以及领导者可以做些什么来动员人们更成功地应对威胁和抓住机会带来了重要的启示。这些视角也让我们对长期观察到的一些组织的绩效优于其他组织背后的潜在因果关系有了新的洞察。

与之前的研究相比，最新一轮的变革研究不仅增加了某些主张背后的证据，而且以最新的、高度可操作的变革方法拓展了之前的工作。

我们在本书中探讨的一些关键主题包括：

- 一个更加快速和复杂的变化环境，包括现在所谓的颠覆性变革，可能不只是变化因素之一，更成为塑造组织和人们如今面临的挑战的核心力量。
- 无论是人类天性，还是最常见的现代组织形式，都无法应对这种快速和复杂的变化。相反，人类天性和组织最强大的内在机理是强调稳定、效率、可靠、快速消除风险，最重要的是求得短期的生存。
- 组织外部的变化速度、频数和复杂性与组织的基本能力、人类的适应能力之间的差距越来越大。这一差距既是一种危险，也是一种机会，因为组织是能够灵活地调整、适应并超越这些环境变化的。
- 至少可以指导一些组织（也可能是许多组织）消除或缩小这一差距。这些组织能够应对快速的变化——比一般组织好得多，更比那些苦苦挣扎的组织好很多。它们可以迅速看到相关的外部变化，快速调整和适应变化，并取得令组织员工超乎想象的成果。
- 有意识地、深思熟虑地提高个人、团队和组织响应与加速变革的能力，哪怕只是提高一点点，都可能对全球数百万人的生活产生重大影响。

- 在过去的数十年里，特别是在过去的四年里，我们学到了很多还没有被广泛应用的新知识。我们最新的研究和基于咨询的经验第一次证实，有一种正在发展的关于变革的专门科学，特别是应对大规模的变革，显然需要我们尽快地加以理解和应用。

《变革正道》一书的目标是以一种具体的和可操作的方式，展示这门植根于大脑神经科学、组织研究、商业史、领导力等领域的新兴科学是如何获得理解和应用的，从而促进急需的组织变革。

帮助进行这项研究工作的人员名单很长，包括我在哈佛大学的同事，在科特国际的同事和客户。在此，让我对所有提供帮助的人表达我最衷心的感谢！

约翰·科特

2021 年 3 月

CONTENTS | 目录

第一部分
PART ONE

剧变的环境与变革的新兴科学

01 第1章

快速变化世界中的威胁与机会

在撰写本书之际，我们正处在由新冠疫情引发的不确定、变革和动荡的剧变期。人们对6~18个月后的“新常态”将会是怎样的进行了很多讨论。虽然这些讨论很引人入胜，富有启发，但往往也会带来一些误导。倘若我们把当前的这一场新冠疫情只看作是百年一遇的特殊现象，我们就很有可能只是想被动地熬过去，而不会主动地去总结其中最重要的经验与教训；事实上，这场疫情危机却并不是一次偶然的异常突发，其本质上是诸多长期的、深层次的问题累积的趋势在这一个点上的集中暴发。因此，要认真对待那些深层次的、长期存在的问题，否则，类似的危机还会再三出现。

确切地说，早在工业革命开启之前，我们周遭发生的变革的次数、复杂性和动荡性就一直呈波浪式增长。几乎所有的数据都表明，在当前的新冠疫情危机消退后，这种变革增长趋势将继续以多种方式存在。引发变革的潜在力量可能不仅仅是一场大疫情，还可能是其他诸多因素：人工智能、颠覆性技术、全球一体化，以及正在全球范围内产生影响的社会运动和政治运动。此外，我们在大多数组织与生活中成功实施的变革次数与我们周遭发生的变革次数相比，两者之间的变革差距正在显著扩大。我们将在后续章节中向你展示，这种日益扩大的变革差距将变得越来越危险，尤其是当人们满足于持续的渐进式变革时。

这些风险并非不可避免，下一章介绍的新兴变革科学将提供如何减轻变革不良后果和取得变革成功的具体方法。这些方法容易获得且切实可行。它们来自脑科学、商业史、组织、领导力等领域的最新研究成果。我们发现，我们可以把这些科学成果转化为可复制、能传授的变革方法论，以及在某些特定情况下用来提高变革成效的工作手册。

有一些组织已经在利用这些方法来推动变革。它们正在动员员工利用更多变革带来的机会，创造超乎想象的成果。这些机会有可能为整个社会带来巨大的新价值。

风暴才刚刚开始

2020 年 1 月 16 日，大众汽车集团首席执行官赫伯特·迪斯（Herbert Diess）对高管们说："如果我们继续以目前的速度前进，形势将变得日益艰难……风暴才刚刚开始，传统汽车制造业的时代已经结束了。”

我们只想补充一点，我们的深入研究和咨询工作都表明，长期变化的趋势已经到了一个分水岭，即传统商业和传统政治的时代可能已经结束，或者很快就会结束。

如今，组织无论是在应对竞争对手低成本产品的威胁，还是利用创新产品或兼并收购带来的增长机会，都需要更快的速度和更大的灵活性，这不仅是为了应对新冠疫情这样的突发事件，还是为了应对当前和未来持续不断变化的新常态。广而言之，快速适应与应对气候变化或粮食安全等威胁，与持续利用机会迈向更加公平和繁荣的世界同等重要。

有一些组织已经能够熟练地应对这些挑战，它们能够及早发现新的趋势，迅速进行变革，并以类似熟练驾驶时速 100 英里（约合 161 千米）的汽车前进一样成功地驾驭挑战。我们将在后续的内容中分享其中一些变革故事。我们在咨询工作中看到了它们的出色表现，并对它们的成功充满自豪。这些领先组织成就非凡，我们可以从中学到很多。我们需要学习，因为当前绝大多数组织都还在变革中蹒跚挣扎。

个人和组织需要不断适应变化，这并不是什么新课题。富兰克林（Benjamin Franklin）早就说过，如果你觉得你已经完成了所有的变革，那么其实你就已经“玩完”了——也就是说，一旦你宣布变革“完成”，就意味着你不思变化、堕入沉沦的开始——你报废了！

挑战：一个更加动荡、不确定和快速变化的世界

几个世纪以来，世界一直在加速发展，变化越来越多、越来越频繁，也越来越复杂。随着我们从工业时代进入信息时代，这一趋势在持续加速。

我们很容易从日益增多的案例中发现这种变化的速度和复杂性。从 1960 年到 1990 年，美国专利和商标局授予的专利总数翻了一番。而在最近 30 年，专利数量则翻了两番。固定电话的用户数量达到 5 000 万花了 75 年，而手机只用了 12 年，iPhone 只用了 3 年。2018 年，IBM 的一项研究表明，互联网上 90% 的数据是在最近两年产生的。

1965 年，标准普尔 500 指数成分股公司的平均存续期为 33 年。而今天，这个数字只有 1965 年的一半。公司的声誉风险虽然难以量化，但随着社交媒体使用日益频繁、公司新闻曝光增多，以及员工意见公开表达渠道的增多，公司的声誉风险肯定也会不断增加。例如，每月访问美国在线求职招聘网站 Glassdoor 的用户达到 3 200 万人次。这些事例表明变化在许多不同的领域中都在加速。

我们周遭日益增加的变化，促使我们的公司、我们的供应商和客户，以及其他组织都在努力推进变革。在不同的行业、领域或地区，组织变革的情况会有很多差异。但总而言之，相比 30 年前，组织现在主动发起的变革数量要多得多。50 年前，很少有组织谈论要进行文化变革，而今天，组织文化变革

已经司空见惯。日益增多的变革项目让越来越多的组织建立起正式的变革项目管理办公室（PMO）。

在过去的20年里，随着变革速度的加快和复杂性的增加，不确定性急剧上升（见图1-1）。复杂的变革导致不确定性。经济和政治的高度不确定性让人们难以抉择需要采取哪些行动来保持竞争力和利用新机会。

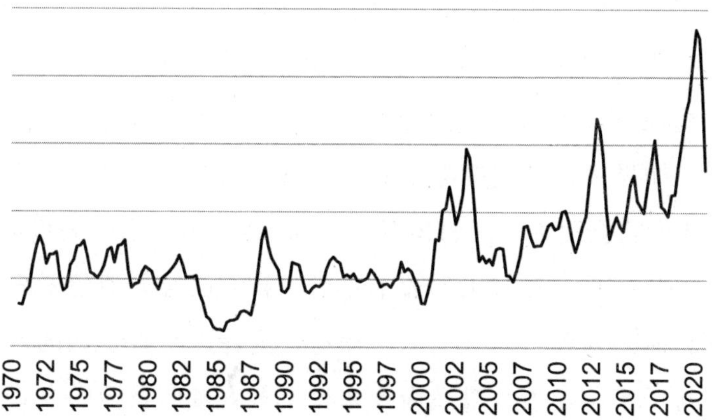

图1-1　世界不确定性指数

资料来源：改编自 Ahir H、N Bloom 和 H Furceri(2018)“世界不确定性指数”。“世界不确定性指数”是通过估算经济学人智库国家报告中“不确定性”一词的百分比得出的。

遗憾的是，我们将在本书分析的案例中看到，大部分组织内部的变革远远没有跟上外部的变化和波动。这将影响到社会的各个方面：医疗保健的质量和可获得性；股票市场波动；自然环境破坏；能够负担得起的让生活更轻松、更有趣或更快乐的产品；经济发展；政府的响应能力；贫困问题；我们应对包括流行病在内的紧急医疗情况的能力；我们中有多少人会过上舒适满意的生活，又会有多少人无谓地死去。这样的案例不胜枚举。

变革问题和解决方案

在本书中，我们将深入探讨日益增长的不确定性、动荡和变革。我们现在越来越清楚地认识到，变革成功的关键是人，我们将探讨人是如何让自己的组织（社会）变得更好的。我们认为，如果只是继续按部就班地提高组织的适应能力和变革能力，我们将会面临巨大的和不必要的风险，我们需要做得更好。

好消息是，在过去的数十年里，我们已经弄清楚了为什么有这么多的人和组织在变革中挣扎，为什么只有少数的人和组织获得了繁荣发展，以及为什么有很多人按照目前的方式可能无法生存下去。你将会看到，根本原因是大多数组织尚未理解和使用这些先进的变革科学方法，还在使用过时的变革方法。

我们在变革中遭遇的困境，往往被认为是由准备不足、能力欠缺或顽固短视的领导者造成的。我们常把柯达、百视达或博德斯等公司的失败看成是傲慢的、顽固的领导者拒绝应该做出的变革而造成的后果。事后来看，我们的确怀疑他们是否曾努力推动变革。在某种程度上，这些评论是有道理的，但并不全面，因此容易误导大家的认识。

真正的问题是，无论是数千年前根植于我们身体里的人类天性，还是 19 世纪末 20 世纪初发明的现代组织的核心设计，都不是便于进行快速、轻松和巧妙的变革的。人和组织的主导设计是为了确保以更高的效率和可靠性来求得生存。我们的确有能力创新，创造新的行为习惯或新的产品，但只有在年轻人和新兴组织中才有强大的创新生命力。随着人和组织变得成熟，各种机制都倾向于稳定和确保眼前的安全。因此，即使组织意识到了新的威胁，它们往往也难以进行足够多和足够快的变革来应对这些新挑战。

如今，在更加复杂和进化更快的 21 世纪，当我们把一个思维观念过时的人放进一个过时的组织时，我们经常能看到他和组织在应对不确定性的变化时步履蹒跚。人和组织在应对难以避免的转型挑战时，要经历一个非常痛苦的过程。尽管变革的差距并不总是显而易见的，但对需要实现的变革目标而言，我们目前推动的变革还是太少、太慢（见图 1–2）。

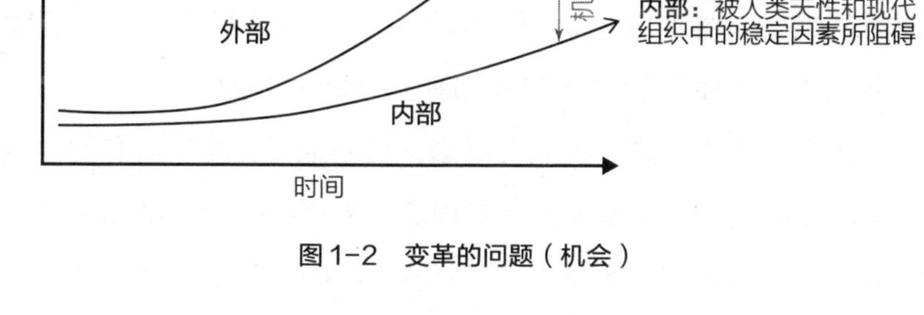

图 1–2　变革的问题（机会）

这种在变革中的苦苦挣扎是组织今天的现实，也是组织明天潜在的巨大危机。**但我们并非束手无策**，我们还有很多可能性和可为之处。

我们已经看到了很多成功的变革案例，知道应对变革是有策可循的，外部变化和内部变革之间的差距是可以缩小甚至消除的。当我们成功实施这种应对变革的策略时，组织就可以跨入新的、更好的未来，并实现广泛的共同利益。

人们通常把非凡的成功归于富有传奇色彩的领导者。的确，一个领导者在某些情况下可以产生巨大的影响。但我们的研究和咨询经验都清楚地表明，最成功的变革是要动员更多人发挥更大的领导力。下一章将讨论三个研究领域所提供的洞见，解释为什么变革需要动员更多人发挥更大的领导力。第一个领域来自脑科学，研究人类天性，以及我们对威胁和机会的反应。第二个领域来自组织研究和商业史研究，讨论了现代“以管理为中心”的组织的局限性，以及我们如何克服这些局限性。第三个领域来自领导力研究的一个分支，专门研究领导变革中十分常见的陷阱。参见图 1–3。

总而言之，这些研究领域提供了强有力的洞见，让你知道如何从更多人身上激发出更大的领导力，以便更快、更明智地推动变革，从而弥合内部和外部现实之间的差距。

最令人鼓舞的是，我们可以满怀信心地说，这门新兴的变革科学已经超越了纯学术分析，对现实世界产生了切实的、显著的影响。在本书中，我们分享了一些成功案例，表明组织是如何利用新兴的变革科学的方法和洞见，走上了一条与常规变革截然不同的道路的。同样令人鼓舞的是，在这些案例中，并没有神奇的方案或不可复制的经验。我们已经一次次地近距离观察到，我们可以通过指导、引导、教育和激励人们采用新的思维和工作方式，从而真正改变他们的行动，并产生惊人的商业成果。

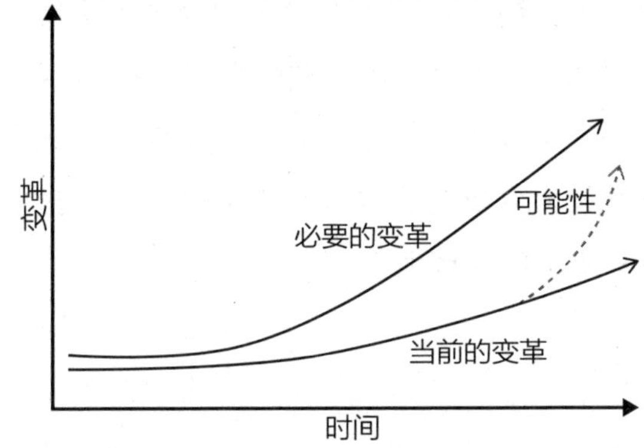

通过创建更加敏捷、适应性更强、变化更快的组织来缩小变革差距是可能的，这将给组织带来超乎想象的成果。

三个研究领域为如何激发更多人发挥更大的领导力来推动更快的变革提供了独特的洞见：

1. 人类大脑神经连接和对风险与机会的程序化反应
2. “以管理为中心”的现代组织的局限性
3. 避免领导变革陷阱的策略

图 1-3　应对变革的解决方案

我们在本书中讨论的这些组织（还有更多我们没有纳入讨论的组织）确实取得了令人赞叹的成果。它们实施了全新的战略来帮助自己走出金融危机。它们在 90 天内实现了过去多年都不可能实现的变革成果和业务成果。这些组织显著提升了员工的敬业度，并获得了最佳雇主奖。一些需要努力提升创新能力的大公司在产品、工作方式和战略方面都取得了显著的成功。一些公司的股价在两三年甚至更短的时间内就翻了 2~3 倍。

在统计这些变革所涉及的参与人数时，我们发现参与人数比传统的变革方法大大增加。科特国际的愿景是“**百万领导者，十亿受益人**”，其核心是不断提升变革的成效。这些变革产生的理论成果不仅丰富了学术研究，还成功地应用到了实践之中。这就是我们要撰写本书，让它可以更好地指导更多组织在变革中取得成功的原因所在。

风险

在这个世界上，还有数十亿人继续生活在我们难以想象的艰难环境中；人们面临着日益严重的自然环境恶化的挑战，这些挑战可能会对子孙后代造成灾难性的影响；新兴技术可能落入坏人之手或被用于错误的目的，后果十分可怕；病菌可能以惊人的速度传播；即使是在富裕国家，现有的不平等和新增的不平等也会给人们的生存带来严峻挑战。因此，**我们需要并且可以创造更多让人惊喜的积极变革。**

那些在变革中经历过失望、悲观或怀疑的人会质疑我们的判断。但我们有足够多的研究证据，尤其是成功的变革案例，支持我们有理由保持乐观。

这些证据来自这样的成功案例：大胆的新战略不是在加速变革的过程中得到部分的实施，而是得到全面的实施；数字化转型不会中断现有业务，耗费大量资金，也不会永无休止；业务重组可以在不降低生产力、士气或创新的情况下产生巨大的效率；并购整合以惊人的速度顺利推进，并消除了彼此的冲突和由此产生的问题；最难的文化变革也获得成功，推动组织迈向更加美好的未来。

有一个重要的变革思想，可以追溯到伟大的经济学家约瑟夫·熊彼特（Joseph Schumpeter），他认为应对变革的一个更好的解决方案是“创造性破坏”。例如，如果政府愿意停止保护那些又大又老的公司，就会让创业者更容易成功，那些不能适应变化的大公司应该被淘汰，取而代之的是创新型的创业公司。我们不需要教那些行动缓慢或已经脱离现实的公司变得敏捷。相反，当它们无法跟上时代的步伐时，自然就应该被淘汰。

当然，今天的世界确实发生了不少创造性破坏，但没有发生一些人所鼓吹的那种完全纯粹的创造性破坏。完全纯粹的创造性破坏是不现实的，因为资本市场和产品市场不能接受这种持续的新老企业的优胜劣汰。在那种情况下，大量劳动力将会失业，需要转移到其他行业或者地区去就业，需要学习新的工作技能，而这些努力都可能会失败。超过一定程度的失业率不仅会给个人和家庭带来巨大的痛苦，还会打击人们对政府或经济体系的信心。

时间不等人。今天所需的变革与大多数组织能够持续做出的变革之间的差距越来越大。如果能够把一个组织的绩效水平从“差”提升到“及格”当然是好事一件，也会让不少人因此受益，但老实说，这可不是这个世界真正想要的结果啊！仅仅是从“差”变成“合格”或者“良”，这还远远不够，如今可算不上足够好啊！对大多数的组织来说，如果你仅得到良好水平，那其实代表着仍然存在相当的资源浪费，仍然是效率不高，仍然有太多的价值不能得到实现——也就意味着，人们仍然在因为良好水平的结果而受着各种折磨。组织花了20年把绩效水平从行业平均提升到行业前10%，也是没有意义的。因为20年实在太长，很有可能已经物是人非、天翻地覆。

谈到如何控制变革的风险，传统的观点就是要谨慎。但实际上，降低风险最重要的是坚持前行，不要错过机会。在当今世界，组织最大的风险是适应变化的速度不够快。领导者要深思熟虑，要以最新的变革科学为指导来领导变革，从平凡中的非凡成功故事中汲取洞见，向那些经历过这些变革的人学习。总之，**千万要跟上变革的步伐**，不要掉队！

本书的目的是要鼓励你拥抱变革，并“跟上变革的步伐”！

为什么不呢？在绝大多数情况下，那些成功帮助我们更好地应对变革的人，他们自己也会受益匪浅。他们不仅事业兴旺发达，而且生活美好幸福。他们不仅获得物质奖励，也赢得了人们的尊重。他们不仅活了下来，还实现了真正的成长。总之，他们留下了足堪自豪的遗泽。

未来，组织乃至人类所面临的挑战将越来越大。正如新冠疫情流行所表明的，可以毫不夸张地说，我们适应和应对这些挑战的能力不仅是创造兴旺发达所需，也是求生必需。

我们还有更多的工作要做。随着对人类天性的本质、现代组织设计的局限性，以及对这个时代所需的领导力的更好理解——你们将在本书中看到，组织变革大有可为，充满无限的可能性。

02 第2章

变革的新兴科学

关于个人和组织为什么需要努力适应越来越多的变革，有许多不同的观点。同样，关于如何动员个人和组织更迅速、更明智地去适应环境变化的解决方案也是多种多样。关于变革的主张太多太杂的现状，会让很多人产生困惑，甚至会有一种发自内心的无助感——关于变革这样一个涉及人性而又错综复杂的软科学领域，究竟有没有可能概括、聚焦出几种可行之道呢？

实际上，我们已经来到一个重新认识变革的临界点。今天，出现了一种“变革的新兴科学”——用于认识在更高频、更快速、更不确定的条件下发生的复杂的根本性变革。这门新兴的变革科学将告诉我们为什么要与变革共舞，为什么目前只有少数人取得了成功，成功者究竟做对了什么，以及我们如何在自己的组织中应用变革的智慧。

正如第 1 章所介绍的，这门变革的新兴科学包含一组概念、原则和策略，有三个主要的根系统。第一个根系统涉及对人的研究，具体来说，就是我们的“人类天性”和面对变革时所呈现出来的阻抗力与变革力。这项研究是基于若干个世纪以来的研究成果，最近被脑科学的最新研究成果再次证实。

第二个根系统是对现代组织的研究，这项工作在20世纪30年代和40年代就已经进行了深入的探索。彼得·德鲁克（Peter Drucker）的《公司的概念》就是早期研究中最为著名的。在过去的十多年中，大量的研究成果也进一步丰富了这个领域的研究。

第三个根系统是对现代组织和发挥变革领导力的人的实证研究，包括对变革成果的评估和因果关系的推测。这项研究最早可以追溯到20世纪50年代，但本书的成果大部分是最新的。如今，对组织变革和领导力的需求日益增加，这与组织外部环境的变化速度密切相关。

人类的大脑神经连接系统：求生系统和求兴系统

几个世纪以来，人们一直在讨论人的自然本性，但直到最近，我们才能够将密集的观察研究与能够绘制出大脑神经网络和身体连接的方法结合起来。正如我们在讨论战略规划、数字化转型、业务重组、文化变革、兼并收购、组织的敏捷性和广泛的社会运动时所展示的那样，变革研究带来的影响将十分巨大。

尽管我们关注的焦点是在一个快速变化的复杂世界中兴旺发达，但我们从研究中却发现，人们最常找到的解决之道，却并不是人类本性中追求兴旺这条路。恰恰相反，**大多数人严重低估了我们本性中深深内嵌的、求生直觉的力量，低估了这样一种力量是如何强势地阻止着我们去看到机遇、创新、适应、引领和变革以求异求兴的。**

人类拥有一种我们称之为“求生频道”（Survive Channel）的东西。它在生物学上相当于一个雷达系统，不断监视着我们周围的环境威胁。在人类进化早期的很长一段时间，这些威胁主要体现在对人身的威胁。今天，社会和个人经历时刻都在影响着我们的身心感受，职业发展、经济波动、心理感受和其他可以感知的变化等都可能让我们感受到威胁。

当我们的大脑检测到被认为有危险的东西时，一个快如闪电的潜意识行动就会发生。这时，我们大脑的杏仁核立即向“控制中心”（下丘脑）发送信号。这个信号激活了负责应对潜在危险情况的机制（我们的交感神经系统）。肾上腺素快速流经我们的身体，使得心率和血压升高，呼吸加速以增加血液中的氧气，并释放血糖和脂肪，为我们应对或逃避问题做好准备（“战斗或逃跑”）。当这种情况发生时，我们的思维像激光一样聚焦于感知到的威胁。我们充分调动全身的能量并全神贯注，试图快速行动，消除危险。当我们获得成功，威胁解除时，化学物质停止流动，我们开始冷静下来，身体恢复到“全力以赴”应对危险之前的状态。

在个人生活和职业生涯中，我们都无数次经历过这种求生反应。有时候，它的发生就像我们的祖先所经历的一样。例如，当我们步行穿过街道，通过我们的周边视觉，身体的求生雷达侦知一辆公交车正朝我们飞驰而来。瞬间，身体里的化学物质被释放，血液涌向肌肉，所有其他的思维立刻停止，我们迅速跑回到人行道。这一系列行动都发生在一两秒钟之内，通常我们还没有意识到自己做了什么。

今天，“求生频道”更频繁地处理着更微妙的复杂问题，它反映了21世纪更复杂的生活现实。例如，一位同事告诉我们，我们最大的客户之一因为物品丢失而发怒。立刻，我们的思维雷达拉响了一个风险警报，身体里的化学物质开始流动，心跳加快，我们立即去参加电话会议、虚拟会议或走进会议室，大脑忘记了其他问题。我们六个人聚在一起，回顾我们对这件事的了解程度，讨论如何补救丢失的物品并安抚客户。我们每个人都主动担当，积极行动，在紧张的24小时忙碌之后，我们得知问题已经解决。客户对我们的快速行动产生了深刻的良好印象。

求生频道是人类天性中非常强大的一部分。与数百万其他物种不同，人类在过去的数十万年中存活下来，就证明了求生频道的价值。当我们的大脑在很久以前逐渐进化的时候，世界是完全不同的。虽然这个求生频道有助于我们在遇到真正的威胁时能够及时应对，这对我们的生存仍然至关重要，但在与远古时代截然不同的新时代，我们的求生频道却可能发挥负面的作用。

如今，当我们无法成功地应对某些极其复杂的威胁，没有切实可行的方法来避免或迅速阻止它们时，我们可能会在相当长的一段时间内处于求生状态。我们的身体会释放出额外的化学物质（皮质醇和其他激素），使我们保持高度警惕。但这种持续的警觉会消耗大量的能量，使我们感到越来越紧张。更糟糕的是，如果我们同时受到多个威胁的攻击，或者我们无法应对这些威胁时，我们可能会进入紧张过度的求生状态。在这种情况下，我们会变得异常疲惫和心烦意乱，无法很好地发挥求生频道原本的功能。我们最终可能会不知所措、退却或者僵化。所有这些都会阻碍我们看到发展的机会、退后一步进行创造性思考，更不用说做出改变来迅速地利用机会。如果我们自己不能采取行动去应对威胁，我们将如何团结其他人去抓住机会应对威胁呢？

在当今快速变化的世界中，威胁和机会越来越多，人们对求生反应过度并不罕见，一方面是因为感知到的威胁太多，另一方面是因为环境中的各种障碍阻挡我们去消除这些威胁。

我们可以轻易找到一些处于严重经营困境的公司。例如，几年前，一家知名消费品公司出现了产能过剩问题。有些地区的需求已经发生改变，有些产品的需求已经大幅下降，而竞争对手却拥有明显的成本优势，成功地使用新技术来降低成本并扩大市场份额。这家受到挑战的公司的执行委员会采取了之前屡试不爽的“业务重组”策略。当裁员的消息传出时，不仅是员工群体，整个公司也陷入了过度紧张的状态。焦虑（以及愤怒和压力）加剧，士气低落，生产力下滑，“求生反应”以及狭隘的聚焦威胁的思维抑制了各种创新活动。

面对这些问题，公司执行委员采取的“恢复”公司竞争力的策略是削减成本、缩减产能、裁减员工。这些措施似乎并不过分，但对所有相关人员来说却颇不友善。

两年后，业务重组“完成”，公司从某种程度上获得了成功——在没有市场需求的领域大幅削减了成本，但生产力下滑却导致产能大幅下降。

更重要的是，在整个业务重组流程中，公司尽管制定了新产品开发计划，却几乎没有开发出创新的产品。30 年前，在一个发展缓慢的世界里，开发新产品项目的停顿不会给竞争态势造成太大影响。但这一次，两家年轻的竞争对手公司迅速抓住了市场机会，通过成功地推出新产品抢占了市场份额，给业务重组成功后的这家公司带来了严峻挑战。

因此，首席执行官被迫提前退休。他的继任者启动了一系列新的成本削减计划，并试图从最高层大力推动产品开发，但所有这些举措都没有产生预期的效果。对公司竞争力衰退的归因错误导致了错误的解决方案，且一错再错。

要找到潜在的成功解决方案，除了了解求生频道，还需要了解一种较新的、不太占主导地位的频道——求兴频道。

求兴频道也有雷达系统，但它不是在寻找威胁，而是在寻找发展机会。当发展机会出现时，身体中的一个内部机制（副交感神经系统）被激活，它发出一组不同于求生系统反应的化学物质（如催产素）。在“求兴频道”的反应中，身体的能量增加，但不会急剧增加到峰值。伴随求兴频道的反应是激情和兴奋等情绪，而不是焦虑或愤怒。我们的注意力范围不会缩小，却会随着对机会的好奇而得到拓宽。在关注当下和没有激活个人的求生频道，而积极的求兴情绪却在发挥主导作用时，我们更加愿意进行团队协作、创造性工作和创新。我们全身心地寻找机会。只要有证据表明我们正在取得一些进展，我们增加的能量就可以持续相当长的一段时间，而不会感到精疲力尽。参见图 2-1。

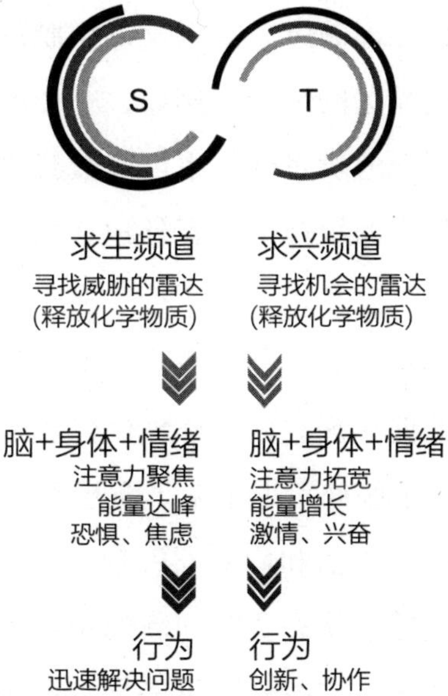

图 2-1　人体对求生与求兴频道的反应及结果比较

如今组织面临的一个基本现实是，如何以足够快的速度进行足够多的明智变革，既要防止人们的求生频道反应过度，又要激活更多人的求兴频道。

过去数十年，组织在变革中苦苦挣扎的最根本原因在于各种变化在总体上过度刺激了组织从上到下的求生频道，抑制了人们的求兴频道。例如，更广泛地获取和使用数据可以在许多方面产生更可靠的成果，甚至有助于发现新的机会，但数据和测量指标也对应着问题，它们的不断增加容易过度刺激人们的求生频道。我们将在本书后续部分做更多的介绍。

人们越来越频繁地被来自全球全时区的自增强性的各种负面信息所羁绊，求生雷达长时期处于高度警戒状态，会导致人们的健康（特别是心理健康）陷入难以摆脱的困顿，对人们的基本认知倾向产生深远的影响。例如，一个凌晨四点送达的电子邮件即使不是一个危机事件，也可能被我们的大脑视为一种危机；一条突然收到的短信可能意外地扰乱了我们早上平静的咖啡时间。

社交媒体也会促使我们与他人进行竞争性的比较，成为触发我们求生频道的催化剂。社交媒体已经越来越多地影响到我们的生活，它带来了好处，也带来了意想不到的麻烦。

新冠疫情给个人生活和职业发展带来的威胁，已让我们的求生雷达处于高度警戒状态。晚间新闻中越来越频繁的负面消息预示着更多的威胁，这些威胁可能导致我们的健康、工作状态和全球经济长期处于不确定之中。

越来越容易获得的全球信息也让我们变得更加焦虑。从理性上看，远方的恐怖袭击和另一个大陆发生的自然灾害对我们的当下可能并不构成威胁，但求生频道并不是理性的机制，它们会从中感受到威胁。

我们几乎无法控制自己的求生频道不去感受这么多的“威胁”。所有这些因素叠加在一起便造成了过度的求生反应。

我们已经领受了过度的求生频道所带来的这些问题，也会时不时地思索需要从求生状态中脱离出来。人们经常提示说：“我们正在从求生转向求兴！”其实是在暗示“这不是挺好的吗？！”但事实上，适宜的求生反应对于激活求兴的作用是极有助益的！不是说求兴才好，求生就错！要认识到，一个既不过热也不失灵的健康求生频道，所产生的针对所遇问题的一系列有效的求生反应，既不会是精力上的沉重负担，也不会是无谓的分心扰动。在这种情况下，你不需要什么夸张的神奇本领，就可以通过让大家看到鼓舞人心的机会，以及释放那些追求这些机会的热望、支持和能力等方式，来适时地激活人们的求兴频道。

我们不仅通过历史上伟大领袖的故事，也通过脑科学的研究了解了求生频道和求兴频道是如何运行的。最好的领导者总是保持警惕，但不会过度焦虑。他们也非常善于激发自己和他人的求兴频道。在过去的数十年中，我们也学会了如何在没有超凡领导者的组织中有效领导变革，“领导力”（而不仅仅是“管理”）是变革成功的关键。接下来，我们将讨论这些发现，并讲述一些证明新兴变革方案可行的案例。

“现代”组织

第二项研究告诉我们，变革的新兴科学需要重点关注现代组织。我们之所以说它是“现代的”，是因为现代组织的出现还是最近两三百年的事。在美国和大多数经济较发达的国家，早期的组织设计主要是在政府和军队领域，在商业和其他领域的应用则在 19 世纪的最后数十年才出现。

现代组织汲取了人类数千年来实践的经验和教训，但与之前的组织有着根本的不同。从工业革命中发展起来的新技术使得产品生产和销售成本大大降低，并创造了前所未有的大众市场。但实现这些需要更多大规模和复杂的组织，而这种组织当时只是在少数的几个产业中才开始出现（如纺织行业和铁路行业）。这种新的组织形式不仅可以实现传统手工作坊式的数十人的现场作业，还能协调数千人以前所未有的方式分散地进行生产。

为了使复杂的组织协调工作能有序运行而不致陷入混乱，企业家创造了各种正式制度、政策、组织结构和工作设计。工作计划是一个支持财务预算的更加结构化的流程。工作汇报关系和工作内容被写入组织发布的组织结构与岗位职责中。财务系统和其他控制系统被创造出来监控各部门的活动，确保结果符合工作计划。新的解决问题的方法和沟通机制被创建，以便在结果偏离计划时进行纠正。

一整套全新的管理工作——今天我们称之为“中层管理”——就是为了使这些更复杂的组织按照设计的方式有效运作。“管理者”推进“管理流程”的实施，产生了前所未有的组织效率和可靠性，而在此之前，许多人认为有效组织大规模人群进行协作是不可能的。

这些新兴组织本来有能力进行持续的变革，但组织的默认设置充满了规则、政策、程序、计划和标准化，以确保组织的效率和可靠性，如今这些系统却成了组织变革的潜在障碍。之前，当世界以一种比今天迟缓得多的速度变化时，组织运转很正常。但随着环境变化的加速，组织的障碍和人类的天性使得公司与规模越来越大的政府难以迅速跟上变化的速度。

在一个相对静态的世界，组织的“快速响应”不会成为一个常见问题，但现在，这个问题开始日益凸显。

在过去的一个半世纪里，这种新的公司组织形式已经开始主导世界发展。在某些情况下，组织已经演变得更加复杂。现在常见的做法是在组织建立跨部门的工作组来遏制“官僚作风”，以及鼓励更多的创新。更重要的是，今天的组织越来越多地使用新的或升级版的战略规划、数字化转型、业务重组、文化变革、并购、敏捷（软件开发方法）等方法，帮助它们适应或利用外部变化创造的机会。

在这个充满动荡和不确定的新时代，这些管理方法可以为组织发展提供重要的帮助。但我们的研究表明，在通常情况下，即使在后工业时代的高科技公司中，传统变革方法的作用也十分有限。此外，那些以为会永不过时的组织机构和原本为发展缓慢、更可预测的世界而设计的组织都在变革中苦苦挣扎，或者至少错失了重大的发展机会。聪明的领导者看到了变革的必要性，而且希望快速采取行动，但他们也往往无法实现自己的愿望。如果你觉得自己只能以每小时30英里或60英里的速度驾车前行，却需要在一个时速100英里甚至200英里的赛道高速行驶，你可能会深感挫败并充满压力。

但办法总比困难多。让组织更好适应新常态的第一步是要认识到现代组织的局限性以及这些局限性来自何处。第二步是研究如何务实地改良组织，以可靠和高效地完成任务，包括快速和敏捷地完成任务。我们将在本书中通过案例进行讨论和展示。

领导变革：成功与失败

第三项研究为我们的新兴变革理论做出的贡献是，要明确地聚焦于努力适应环境变化的组织和个人。这项研究充分借鉴了历史上和当下的领导力研究成果。

在这项研究的早期，我们发现，当人们没有足够的紧迫感来应对快速的变化时，变革则注定失败。当参与变革的人数太少，变革知识缺乏、组织的整体协同差和领导力匮乏，或缺乏强烈的紧迫感来推动复杂的变革时，变革的挑战就更加严峻了。这些挑战往往导致战略愿景不明确、沟通不充分，变革难以按照计划推进。

领导者如果没有进行充分的沟通，没有提出合理的和有说服力的变革理由，就不可能获得推动与维持艰难变革所需的认同，就不能激发和动员大家采取行动。管理层不愿意充分授权，通常会阻碍大众参与变革行动。如果短期的胜利不足以建立大家的信心和提供变革的动力，或在获得阶段性的胜利时，不能够及时或充分地予以认可和庆祝，就会让原先积累的紧迫感和信心逐渐消失。

在看到快要获得最终成功时，有些领导者喜欢提前宣布胜利并在终点线前停下来。他们低估了变革的脆弱性，没有花足够时间将变革成果真正制度化到组织的体系和内化到人们的行为习惯中。

我们对成功变革（以及常见陷阱）的认识是在持续研究的基础上不断深化和扩大的，这些研究不断丰富了变革的具体流程和操作方法，探讨了在日益复杂、不确定和快速变化的世界的最新进展。

我们注意到，在强调上述导致变革失败的关键点之外，最成功的大规模变革总是始于一个清晰的、引人注目的、令人振奋的机会。在一个日益复杂的世界中，每天都有更多的威胁和潜在问题摆在我们面前，通过“自曝家丑、破釜沉舟”的方法来动员持续行动变得越来越困难。这种方法虽然可以消除我们的一部分自满情绪，但也会制造焦虑、愤怒、内疚和压力，很快就让我们精疲力尽，带来一种无助的、焦头烂额的、陷入求生频道的恐慌。

我们在研究富有传奇色彩的领导者（林肯、松下幸之助、曼德拉）时发现了许多线索，告诉我们当今的领导者应该如何领导变革。最优秀的领导者总是能创造一种抓住机会的紧迫感。他们进行广泛的沟通，让人们认同并投身于这个机会。他们用策略和激情赢得人心。他们通过坚持不懈的积极投入和谈论机会来动员大多数人参与变革，消除对组织和人的限制。他们努力确保胜利早日到来，赢得一个接一个的短期胜利，进行广泛宣传和庆祝，帮助人们重新燃起变革的激情。在变革项目成功之前，他们让组织和人们持续保持紧迫感，并全力以赴投入到变革行动中。

现在，我们越来越清晰地发现，这些具有传奇色彩的领导者避免了常见的变革陷阱，并成功地动员了组织的持续行动，有的行动甚至会持续多年。我们最近的研究表明，我们正处在一个快速、复杂和不确定的新时代，组织需要的不是每十年才进行一次的变革行动，而是持续不断的变革行动。

这些传奇领导者带来的变革成果常常让人感到惊讶。人们可能会归因于他们具有说服力、英雄气概或魅力。然而，事实并非完全如此。与其说是他们的领导魅力激发大家产生了惊人的结果，不如说尽管存在各种变革障碍，他们激活大家的求兴频道的行为（基于对人类天性、现代组织和领导变革的理解）才是动员大家产生卓越变革成果的关键。

他们通过激活大家的求兴频道获得成功，这也解释了为什么没有传奇色彩领导者的组织也能产生超乎想象的变革成果。因为他们可以利用多样化的团队，创建一个非常相似的变革过程，动员和领导他人去实现重大的变革。

今天，基于对大量的成功变革的研究，我们认为领导者可以通过遵循以下指导原则来推动广泛的变革行动。

第一，领导者要让自己和他人对必须完成的任务负责，要充分认识到在动员人们踏上快速变革之旅时，激发一种充满渴望、积极主动、发自内心的态度至关重要。第二，领导者要理性，善于分析，但也要赢得人心，获得真正的认同，激发渴望变革的志愿精神。第三，领导者要擅长管理，在计划、组织和控制等现代组织的关键职能方面追求卓越。此外，他们不仅鼓励组织高层发挥领导力，还鼓励和支持各个层级的更多人参与领导。第四，领导者既能使用小规模的、精心挑选的团队成员来完成某些特定的变革任务，也要依靠多样化的更多群体——一个人数足够多、信息面广、联系广泛的群体，以及时发现哪些领域需要变革，并能在克服人类天性和组织障碍的情况下成功推动变革。

这四个方面是一个整体，可以看成是加速复杂组织变革的指导原则（见图 2-2）。它们有助于建立起激发大众领导力的系统，激发更多人的认同和行动，从而产生更大的领导力，克服更多的组织和人类天性的障碍，取得更多成果，创造更多的机会。

“我得” + “我愿”（HAVE TO + WANT TO）

那些觉得自己抓住了一个令人信服的机会的人，除了完成自己的正常职责之外，还将积极帮助创造新的变革。创造积极的情感体验有助于动员大家参与更有意义的行动。

用脑 + 用心（Head+Heart）

通过纯粹基于理性和分析获得的理由来建立变革认同的方法正面临挑战。如果你能调动人们的情绪，并赋予变革更大的意义，就能激发大家创造非凡的成果。

管理 + 领导力（Management+Leadership）

为了充分利用“机会之窗”实现成功变革，必须充分发挥大众的领导力，而不仅仅是发挥某些高管的领导力。领导力包括愿景、行动、创新和庆祝，以及基本的管理流程。

精心挑选的少数人 + 多样化的多数人（Select Few+ Diverse Many）

让更多的人主动参与改变，而不仅仅是实现别人制定的目标。如果做到这一点，将充分激发组织的各级领导者，释放全体员工的力量。

图 2-2　变革的原则

组织的科层结构会阻碍变革的实施，因为现代组织设计的目的不是为了培养员工的志愿精神、渴望变革的态度和让众人发挥领导力。现在，最成功的变革团队创建了第二个组织系统来促进变革，它不是建立在原有的正式的组织层级上，而是建立在富有流动性的动态网络组织上。

尽管现代组织的层级结构有利于提高组织效率和可靠性，但变革领导团队也会利用流动的人际网络来应对大多数重大变革任务。他们创造了我们所谓的“双元组织系统”：一方面是组织通过科层结构和控制机制来实施运营计划；另一方面是由来自不同部门的成员构成的网络团队和大众发挥领导力来推动战略变革行动。这种双元组织系统与增强、维持和深化业务成果，以及决定变革成功的新工作方式密切相关。我们将在后面进行更多的讨论。

三个根系统

综上所述，这三个根系统向我们展示了为什么要积极应对变革，为什么必须现在就要采取行动，以及采取越来越多的高效行动有多重要，否则问题将日益严重。

此外，这些相同的原则和流程适用于所有复杂的变革挑战与变革方法，包括数字化/IT 转型、文化重塑以及成本削减（业务重组）等项目。

目前，并非所有人都认为变革原则和流程具有普适性。例如，有人认为兼并收购与数字化转型是完全不同的任务，业务重组与敏捷开发也完全不同。然而，这些变革和其他的变革都有一个非常基本的相同点，它们都是用来帮助组织加快适应快速变化和动荡环境的转型方法。

你将在后续章节中看到，在通常情况下，组织变革成功或失败与数字技术、兼并收购、敏捷开发或业务重组等管理手段的关系不大，而更多的是与变革原则和流程、现代组织的性质、人类的求生频道和求兴频道有关。

请读者注意：本书第二部分将各用一章篇幅介绍图 2-3 中所示的每一种变革方法。如果你对图中的某一种方法感兴趣，则可以直接阅读关于该方法的章节以及本书的最后两章。你可以根据自己的需要决定何时以及如何阅读本书的其他内容。

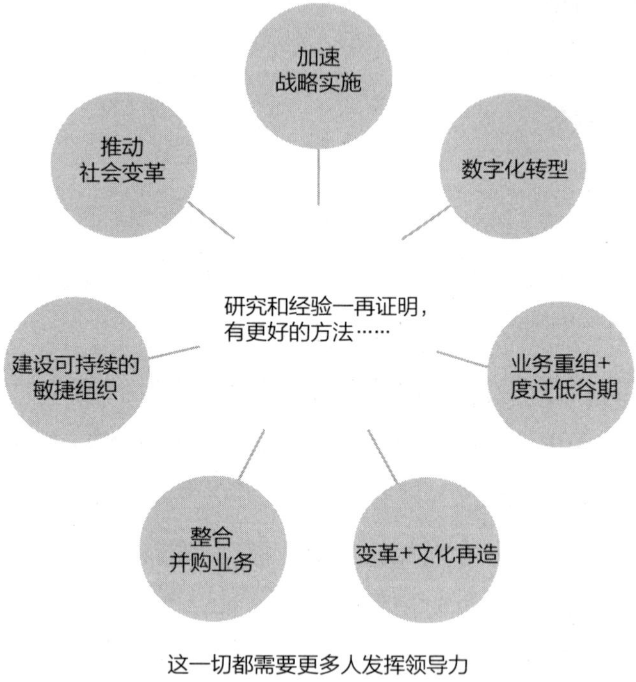

图 2-3　变革的新兴科学

第二部分
PART TWO

变革加速的科学方法

03 第3章

能实现目标的战略规划

在过去的半个世纪里，没有任何一项创新比“战略规划”的构想和实施更能帮助组织与员工更好地关注周围正在发生的复杂变化，进而明智地适应环境并繁荣兴旺。

在沃尔特·基希勒（Walter Kiechel）关于战略的整体概念中，他引用了1970年波士顿咨询公司一位咨询顾问的话：“战略就是变革。”也就是说，新战略的成功制定和实施不可避免地会给公司带来变革，有时还会给行业带来变革，使公司在竞争中处于更有利的地位。波士顿咨询公司创始人布鲁斯·亨德森（Bruce Henderson）曾说：“如果你认为继续按部就班地经营公司已经足够好了，或者你只愿意做一些微小的调整，则不需要考虑战略，因为成功的战略实施大多会带来变革，甚至带来重大的变革。”

当时，亨德森将“战略”一词应用于商业世界的整个概念都是原创的，甚至早于迈克尔·波特（Michael Porter）教授在学术界提出“战略”这个概念。在此之前的几个世纪，“战略”一词几乎完全只用于军事领域。到了20世纪60年代，特别是在美国的领先组织，各种内外部因素的叠加导致了在全球范围内更多的竞争。战略这个在战争的极端竞争环境中被证明是有用的思想，逐渐被波特、亨德森和其他一些专家发展为一种商业思想。

由此，战略作为一个新的商业概念开始迅速地流行起来。尽管当时很少有人把战略和变革联系起来，但事实上，这是一种很有前景的方法——通过战略的规划和实施，可以在现代组织中推动所需的内部变革，以应对日益增多的外部变化。

但在50年后的今天，随着战略在商业领域的广泛应用，战略作为提升公司收入、利润或实现关键目标的有效变革工具，已经越来越难以跟上时代的步伐。战略规划通常在不经意间点燃了人们过多的求生反应，以及极少的求兴反应。战略规划往往不能与组织有效匹配，显得过于孤立和官僚主义。战略规划与实施可能违反成功变革原则：组建一支人数少且身份类似的变革推动小组；90%的工作是在利用人们的大脑和理性，只有10%是在激发人们内心的参与激情；人们没有被激发出想要主动变革的愿望，而是被迫变革；变革过于关注危机或问题而不是机会。

最重要的是，战略规划在很大程度上是以管理为中心的活动，而不是以领导力为中心的活动。因此，战略规划和实施基于组织流程的可靠性和效率，而不是激发更多人的参与。正如变革的新兴科学所预见的那样，战略规划越来越难以激发大多

数人和组织参与变革，带来足够的速度、敏捷性和适应性，以及实现真正想要的成果。

一个司空见惯的战略故事

几年前，有一家大型医疗保健机构，面临着与大多数同类机构同样的问题——成本不断上升、报销流程再造和医疗技术革命的新挑战。各种威胁和机会持续增加、无处不在。这一机构面临的另一个挑战是，它是集团总部收购来的，从未真正融入集团业务。

刚开始，一切都显得很乐观。该机构拥有世界一流的专家，享誉国际的医院以及其他优质资产。新上任不久的首席执行官与一些高管看到了新的增长机会，尽管他们没有在跨地区发展甚至全球化发展方面上达成共识，但他们的确在认真考虑新的并购机会。

在首席执行官、首席财务官和其他一些人的推动下，高层管理人员开始构想更加大胆的发展战略。随后，他们基于当前的业务需求、组织使命陈述，以及可以利用的行业机会进行了深入讨论。尽管该机构以一流的研究和患者护理而享有盛誉——管理者认为这些研究实力和护理技术可以促进业务增长，可以帮助更多地区的患者——除此之外，他们也明确有必要进行前所未有的成本削减，以便为本地区的患者提供负担得起的医疗服务，以及为增长计划提供足够的资金，并确保该机构在未来十年能够健康地可持续发展。

他们聘请了一家战略咨询机构。咨询顾问们在六个月内收集了大量数据，研究这家医疗保健机构的决策模式、运营模式、收入来源、运营成本、IT 需求等。顾问们向高管团队和一些高级职员展示了多个非常详细和量身定制的 PPT（有一百多张）分析报告，他们重点关注了最直接和最容易衡量的问题：降低成本。降低成本立刻成为战略规划的第一重点（多位内部人士后来又提出了“第二、第三、第四和第五位”的问题）。在战略顾问的指导下，首席执行官、医院领导层和变革项目办公室确定了 13 项降低成本的重点关注领域（“工作流程”）。每项工作都明确了降低成本的目标，由一名高管负责和召集一个小团队来实施。

当高层管理人员谈到降低成本的重要性时，他们强调要依据工作流程变化背后的数据和逻辑。在领导团队会议和职能部门会议上，数百名经理和高管（只占员工总数的很小比例）参与了这些沟通。之后，他们持续跟踪成本指标，并向参与工作的团队和高管报告进展。虽然目的是让患者获得更便宜和更领先的医疗保健服务，但日常的主要工作却聚焦于可衡量的成本削减。

在降低成本这项工作进行了一年半之后，该机构虽然在大幅削减成本的目标方面取得了一些进展，但距离最初的计划目标还差很远。多家医院已经进行裁员来进一步降低成本，剩下的员工则惴惴不安地担心会有更多轮的裁员。该机构在业务拓展方面进展甚微，媒体报道显示，其社会声誉也几乎没有变得更好。

由于缺乏透明度和参与度，变革实施过程中产生的问题引发了许多员工越来越多的不信任。由于不清楚各种数据将如何使用，以及达不成目标的后果将会如何，导致该机构不能及时向工作实施团队提供必要的数据。许多员工都有一种强烈的过度求生反应，他们经常谈论变革是针对他们的，而不是为他们服务的。这让他们觉得自己只是在等待什么时候被裁。在这种情况下，员工的注意力都集中在短期内的个人可能失业的威胁上面，没有心思参与整个战略规划的实施。

尽管一些重量级高管对员工施加压力或进行鼓舞，但没能提升组织变革急需的信任、创新或部门协作。由于缺乏足够的信任牵引，变革的势头被削弱。有一次，沮丧的首席执行官在高管会议上说："我们不能再举那个（创新的、跨医院的）例子了，与会人员可能已经听过五次了。"

高管们并没有完全忽略正在发生的许多问题。他们会私下承认，变革尽管正在取得进展，但距离目标还很远。他们之前从未在如此短的时间内领导过如此大规模的变革，除了严重依赖外部顾问的战略规划方法，重点推进项目管理、分析和小团队工作之外，他们不确定还能做些什么。

最终，一些高管开始公开质疑是否需要继续在成本控制方面加大力度，另一些人则对战略咨询顾问提供的对比成本数据争执不下。几位颇感失望的领导者主动离开了该机构。一些证据开始显示，在这种以 PPT 驱动的战略实施中，管理层的前五位高管也没有达成共识，他们的步调并不一致。

在我们撰写本书之际，新冠疫情让本案例中的医疗保健机构系统成本大幅上升，使得前期积累的成果被一笔勾销。此外，该医疗保健机构还需要在新技术和新基础设施上投资数亿美元，这让它再次陷入了与五年前相同的极具挑战性的成本上升风险之中。因此，该机构被迫又换了一位首席执行官。

该机构在利用自身更好的护理技术、创新研究和更有效的手术等潜能方面取得了一些进展，但与从战略上充分利用其优质人才和优质资产构建一个更加一体化的系统，并节约成本与扩大影响力的远大抱负相比，这些成就似乎微不足道。

显然，不管是在单个组织内部还是全球范围，这些“差强人意”的表现都无法令人接受。

在战略规划和实施中占据主导的变革方法

出于显而易见的理由（稍后会详细介绍），大多数组织和战略咨询公司都采用了通过战略规划和实施进行变革的方法。上述医疗机构也采用了这种方法。要实现更好的变革，第一步是理解基于战略规划的变革方法是什么，为什么它会出现；最重要的是，在今天日益多变的变革环境中，为什么它不能产生所需的结果。

首先，目前这种战略规划方法主要是建立在三个基本原则之上的：

（1）由高层管理人员做出明智的战略抉择。

（2）主要是基于数据和理性分析。

（3）主要依赖于管理而不是领导力。如果组织结构与战略不匹配，则进行业务重组，并使用各种指标和其他控制手段监控战略的实施。

根据这些原则，当整个组织、各部门、各区域和各单元的管理层都能做出非常明智的抉择，并能很好地实施战略时，变革是能够获得成功的。在战略实施方面，大多数普通员工也可以发挥某些作用，但最重要的人（做出决策并确保其得到实施的人）仍然只占总人数的前 1% 或 0.01%（在非常大的公司中）。

其次，当最高管理层深思熟虑和以高超手段引领多步骤变革流程时，变革也会获得成功。这个流程主要包括获取数据、进行分析和深入思考，以做出关键决策。这些步骤通常包括：

- 明确重点。有时候，战略重点是显而易见的。如果战略重点不明确，则通过数据收集、数据分析和深入思考来明确重点。
- 围绕重点，找到尽可能完善的数据，为真正理解这个重点奠定基础。
- 使用最新且可靠的模型和方法来处理与分析数据。最好能够在分析中使用对比数据（如你所在行业的平均利润率、“基准”和“最佳范例”）来查找差距。
- 综合相关视角、经验和智慧来进行分析，以便做出明智的战略选择，特别是关于需要启动哪些战略计划。

- 制定计划。你是否需要进行业务重组、人员调整、招聘新人或增加临时的工作人员？是否必须培训员工来适应新战略、文化或质量流程？关键项目是否需要高管发起人，如果需要，谁最适合？等等。
- 实施计划。将计划分解成若干部分，并将每一部分分配给相应的管理者/部门/业务部门/工厂或项目，可能还需要一个“变革管理”部门来监督实施。然后就是要实施到底。

最后，战略变革应该由管理流程驱动。战略规划的时间长度要比日常的或每月的运营管理的时间更长。战略规划本身是一个复杂的过程，需要更复杂全面的数据和分析。当战略变革与运营管理不协同时，还需要采取一些附加措施，如重大的组织调整，包括创建全新的部门、业务单元或地区组织。虽然运营指标和控制流程非常标准化，有时仍需要采用新的衡量指标来跟踪新战略的实施。关键的一点是，这些衡量指标对战略实施是至关重要的。

不同于以领导力为中心的变革，这种以管理为中心的战略变革几乎只关注理性的头脑分析，很少关注人们的参与激情。

为什么要采用战略规划来推动变革

在很大程度上，人们通过战略规划来推动变革是现代组织和人类大脑神经连接模式的自然选择。一个半世纪以来，高管们一直在组织中通过制定战略规划来推动组织发展。他们通过组织的科层结构、流程控制和战略规划进行组织管理。因此，现在广为人知并完全融入组织管理中的战略规划只是与时俱进地调整为需要更多数据、更多分析、更长的规划周期和更复杂的项目。

基于人类天性，变革的核心是战略实施，是发现和解决问题。这与我们大脑/身体中占主导地位的求生频道的功能是一致的。也就是说，它是通过古老的大脑神经连接询问人们想要做什么。

虽然人类天性不受高度分析的理性思维支配，但许多强大的辅助力量帮助组织弥补了这种先天缺乏的分析理性。这些辅助力量包括计算机能力的极大增强、各行各业的海量数据、商学院教育的爆炸性增长，以及由分析能力强的商学院毕业生组成的不断壮大的管理咨询行业。

战略规划方法上的缺陷

通过战略规划来创造有效变革总是有一定的局限性。在当今这个变化速度更快、更加多元化的世界，这些局限性日益凸显。

战略规划方法的第一项原则——完全由最高管理层驱动，造成了很多问题。

- 在一个变化更为迅速的世界中，想要通过一个忙碌且规模较小的实施团队来完成所有工作，难免会导致决策过于缓慢，不能取得变革的成功。或者说，高层管理者还没有来得及真正理解决策的含义，就被迫快速调整决策。
- 我们从研究中了解到，当变化更快、更复杂时，随着各地区、各业务单元和各职能部门之间的相互依赖增加，由一小部分人组成的团队将越来越难以获得做出有效决策所需的全部信息。特别是在一个快速变化的世界中，要使大规模变革取得成功，必须要有相当数量的普通员工参与进来。基层员工更了解具体的产品、客户、技术或内部流程。他们可能距离组织核心很远，但他们能够更好地发现各个方面的威胁和机会，促进战略及时做出调整，提出新的和更实际的想法，并发挥领导力，促使大家快速采取积极的行动。

注意：高层管理者主导变革的想法完全符合以管理为中心的现代组织的逻辑，但不一定能在以领导力为中心的快速变化的环境中成功制定和实施战略。

当前，战略规划方法的第二项原则隐含地认为，成功的关键在于获取数据和正确分析，并恰当地解释数据。制定战略需要清晰、深入和系统的思考，最好的数据通常是“可靠的”而不是模糊的，因为更严密的分析需要基于可靠的数据来完成。

当然，这种观点与对复杂变化、人类天性和当今快速变化世界的研究成果大相径庭。例如，一项针对近百个重大变革项目中最成功的 20 个的实证研究所做的分析发现，纯粹基于数据和分析来实施的变革项目（对比基于经验和感受的项目）成功的可能性为零。这并不是说，在最成功的案例中缺少数据和深入思考。在大多数时候，思考的质量非常重要。但是，促使变革成功和迅速发生的核心是更多地激发大众的主动参与，是与人心有关的（有关这方面的更多信息，请参阅书后的注释）。

在战略实施之前，标准的战略模型会假设你可以获得足够数量的正确数据，可以对未来做出相当准确的预测。这实际上忽视了当今的一个现实，即随着变化速度的加快和复杂性的增加，我们获得决策所需的完整数据的可能性在减小，对未来做出重大预测的能力已经严重下降。这就是不确定性增加的本质。想想新冠疫情大流行之后，我们预测对了多少呢？

战略规划方法的第三项原则——战略变革是对传统管理的一种补充，这种观点在 40 年前就存在问题，今天更是谬之千里。我们在前面做过阐述，管理流程的功能是产生可靠的、可重复的运营，而不是带来变革。通过组织层级和控制流程进行工作，无法收集和处理越来越快、越来越多的正确信息。快速创建可行的战略计划就像是在一个几乎到处都是弯道的盘山公路上以时速 100 英里疾驰。

在传统的战略规划中，战略规划的“规划”部分倾向于更详细地计划如何实现目标的细节，这限制了员工在战略实施过程中的自由度和创新空间。传统战略的“一劳永逸”性质（每年最多一次）也会阻碍创新。在成功的创业公司里工作过的人都知道，在创业公司，人们总是要根据市场反馈来及时调整战略。

现代组织有一种内生的倾向，即通过科层结构的“环环相扣”来制定计划，这样的流程无法激发足够多的人一起来克服战略变革的各种障碍。要激活人们的求兴频道，就要让人们看到机会而不仅仅是威胁。如果人们在制定计划时没有参与进来，求生频道自然会对未知产生恐惧，人们就会将变革视为对工作、地位或自我的威胁。

此外，强大的控制实际上给管理工作和现代组织带来了更多的限制，而不是以积极的方式激发人们去创新。建立在管理和控制基础上的变革管理侧重于通过信息宣导、正式流程和自上而下的授权来控制变革，却对人及其求生 / 求兴频道对变革的反应关注太少。

有些人凭直觉认为，通过科层制进行管理，可能会抑制激活变革急需的求兴频道。他们认为科层制是过时的产物，并认为通过网络组织进行领导才是未来。但这个想法忽略了一个基本事实，那就是这两者都是需要的，因为它们服务于不同的目的：管理带来可靠、效率、标准化和稳定性；领导力带来创新、激发、适应和变革。随着变革的提速和复杂性的增加，需要越来越多的人发挥领导力。研究也表明，激发更多的人发挥更大的领导力是完全可能的。

战略规划作为达成目标的催化剂

就在本章开篇讲述的战略实施案例发生的同时，一家医疗科技公司也开始启动战略规划。它的规模相对较小，这通常是变革的优势。但它处在一个充满竞争的市场中，无法找到一条业务增长之路，它所面临的挑战同样很大。在这个市场中，剧烈的变化意味着需要做出许多增长选择。事实上，它的每一个竞争对手都在快速成长。公司的收入增长乏力导致成本高企，市场份额不断下降，股价停滞，未来发展充满变数。

公司高层对本行业的全球趋势和公司在市场中的地位进行了深入分析。他们认识到公司的某些业务没有达成目标，拖累了收入和利润的增长，于是，他们决定采取新的方法来实现业务增长。

公司领导层通过分析认为，一个推动业务增长的独特机会是收购新项目，更好地整合已经收购的项目，改善管理流程和提高产品竞争力，以及进行市场扩张——多管齐下。他们认为，动员和激发广大员工参与是实现收入与利润增长的关键。高管的工作是培养各级领导者，充分发挥他们的领导力。战略变革的成功与否更多地取决于公司愿景、协同和激励（领导力），而不是工作计划、层级管理和流程控制（管理）。尽管并非所有高管都对此表示赞同，但吸引广大员工志愿参与领导前所未有的变革的想法还是获得了广泛认同，这激发了大多数人主动参与。

高管们围绕着一个关乎公司、员工、客户以及公共卫生领域生存发展的巨大机会站在了一起。他们不仅在高层充分沟通，而且定期与全体员工进行充分沟通。这个想法雄心勃勃，但并非海市蜃楼——它描绘了一幅未来的图景。公司的许多员工告诉我们，高管们描绘的愿景成功地吸引了大家的注意力，激发了大家参与创造未来的愿望。此外，高管还充分强调了公司在实现愿景方面拥有的优势，这些优势也被清晰地罗列在一张幻灯片上。根据这些优势带给实现愿景和组织战略目标的价值，工作计划按照优先顺序进行了调整。

公司组建了涵盖各方面人士的多样化团队，充分发挥各领域专家以及来自组织各个部门、各个层级的充满活力的志愿者的激情。高管发起人承诺在需要帮助时会参与进来，总体上做到敢于放手（不插手一线的管理），让团队有权决定如何实现关键的计划目标，并让全公司的员工参与进来。

因此，员工们士气高涨。由于变革的针对性很强，很快就取得了一些成果。即使是小小的胜利，也获得了及时的认可、表扬并进行广泛宣传。轻度的求生反应打破了各自为政的“竖井”心态，团队的多样性促进了更多的跨部门协作。公司激发了共同的愿景和大多数人的参与，释放出前所未有的创新能力。

在最初的两个季度，员工们看到主要的财务指标并没有得到迅速改善，认为形势十分艰难，对公司的变革之路产生了忧虑。那些从未完全认同变革的人提出一个又一个的问题。但一些高管坚定地指出，关键的领先指标（如“志愿者”数量、新想法数量）正在持续增长，这为变革者赢得了持续推进的时间。

坚持赢得了回报。公司终于实现了多年来的第一次业绩增长，多个指标成为行业领先。根据员工和管理层的说法，公司文化也得到不断改善，创造了一个更具创新性、协作性、敏捷性、趣味性和使命感的工作场所。

变革成功的关键指标是：

- 销售收入从之前多年几乎没有增长到高速增长，年增长率达到25%，这是前所未有的。
- 股价在不到三年的时间里上涨了三倍。这种情况只在公司上市初期出现过。
- 员工敬业度得分持续上升，从行业垫底者上升为行业领先者，创下行业最高纪录。
- 年度人员流失率下降了4%，这意味着节省了大量的人力成本。
- 高价值员工的保留率持续增加（即使1%的增加，也会带来相当大的正向影响）。
- 公司三分之二的人申请成为变革“志愿者大军”中的一员，他们选择在“不影响正常工作”的情况下参与战略变革项目，这也是另一个前所未有的好消息。
- 这些变革“志愿者大军”中有四分之三的人每月积极参与战略变革项目，他们不再是闲置在“仓库”里的账面资产，他们让变革项目取得了惊人的成果。

- 首席执行官多次公开表示，在“转型”初期，没有人能想象到可以取得这些变革成果。

从我们掌握的所有数据（由于参与了这个案例，我们掌握了大量数据）来看，首席执行官的话没有言过其实。

一种更好的快速变革方法

第二个案例中的公司是如何产生比第一个案例中的公司更引人注目、更迅速和更具变革性的实际成果的呢？答案显而易见，它契合了新兴的变革科学理论。简言之，这是一种以领导力为中心的战略方法，而不是以管理为中心的（详见表 3-1）。

表 3-1　在快速变革时代更好地制定战略的方法

以管理为中心的战略方法	以领导力为中心的战略方法
战略实施聚焦于创建稳健的计划、指标、任务、预算、进度表等，以期高效和可靠地执行	除了确保组织的可靠和效率，强大的战略实施需要获得领导者积极的、引人注目的大力支持，他们在组织内激发、鼓舞和创造员工们在理性与情感上的认同，从而带来创新和调适
通常被认为是针对威胁而做出的回应，就像是“燃烧的平台”。即使是增长的机会，也会被界定为：“哎呀，如果我们错过了这个机会窗口将会如何？”	总是作为对威胁和现有机会的回应。“如果我们抓住机会获得成功，我们能实现什么目标？”
战略与公司使命之间的关系，往往描述不清楚或者不明确	能够清晰描述战略与公司使命之间的关系

续表

以管理为中心的战略方法	以领导力为中心的战略方法
仅仅依靠少数精英人士来分析信息和做出决策，并且实施战略	在战略规划和实施过程中，让各方面的人参与提供信息 / 想法
成功激活人们的求生频道，使人们产生“我得”参与行动的紧迫感	成功和适度激活人们的求生频道和求兴频道，除了激发出内心的“我愿”行动之外，还适度激发出“我得”行动
战略规划带来的好处是通过理性的、分析性的论据宣贯给员工	战略规划带来的好处是既通过可行的指标建立员工的共识，又通过成功的愿景激发员工的共鸣

以领导力为中心的战略方法是基于这样一个前提，即如今大多数组织的执行委员制定的战略规划和实施措施是行不通的。要以必要的速度应对各种变革障碍，但又不会激发过度的求生反应，你需要各个方面的员工主动参与领导变革，需要所有相关部门的人员和组织内从上到下的员工参与进来。

如果你不能激活大多数人的求兴频道，以及相关的兴奋、激情和愿望，就不可能创造和维持广泛的参与、投入和领导力。如果没有大多数人的全身心参与，没有大量敏锐的眼睛（寻找机会的雷达），就不可能发现来自产品市场、员工、金融、社区以及关键的政府部门正在发生的最新变化。如果没有足够多的人充分发挥领导力，就不可能及时克服现代组织内部战略变革的各种障碍。在重大变革中，有太多的信息、太多需要影响的人、太多需要进行的沟通、太多的政策和“竖井”可能会阻碍明智的战略变革。

在大型组织中，大多数人从未见过如此大规模的以领导力为中心的战略制定和实施过程。高管们通常在逻辑上认为，这种以激发员工求兴频道为导向的方法只会造成混乱、冲突或焦虑，无法专注做好日常工作。他们本能地怀疑这种方法，认为它是“理论化的”和不切实际的，或是只适用于某些特定的情况。我们通过大量研究和咨询经验得知，事实并非如此。在接下来的章节中，我们将分享更多公司的案例，这些公司通过这种以领导力为中心的方法实施其战略并取得了显著成果。

对一些组织来说，战略规划只是预算流程的简单延伸，或者是增强版的管理流程，或者是为了在某种程度上赢得竞争优势，这些短期内带来的变革不会造成灾难，因为它们处在安全地带。

但是，面对日益快速变化的环境，请认真思考继续以管理为中心的战略规划和实施的潜在后果。

不改变传统的战略规划和实施方法的后果很严重

如果我们还不改变战略之道的话——事实上，问题已经开始显现！在一些变化节奏够快的场合，我们所熟悉的线性管理步骤，那种传统的分成战略制定和战略实施两段的方式，变得重叠交叉、难分彼此。一旦开始实施，就有了新数据，就又得加入进来再做战略分析。但要是等到所有设计全做完再实施，而不是有了大体设计就去实施的话，就会拖住你变革的后腿。

要么你会陷入一个永无休止的、持续被打断的分析和设计过程中，像是个解不开的死结；要么在实施战略的过程中，你可能很快就会发现当初制定战略的某个关键决策现在已经错了，让你不得不重新回到起点。

在这种情况下，我们可以采用一种以领导力为中心的战略方法，采用类似于本章第二个战略案例的流程，将会产生显著成果。它需要称职的高层管理人员，而不是具有传奇色彩的领导者。如此可以产生造福于广大利益相关者（投资者、客户、员工等）的成果，并在某种程度上帮助他们实现“超乎想象”的成果。

04 第4章

让数字化转型成功落地

今天的数字革命也许比任何力量都更能改变世界，给世界各地的组织带来威胁和机会。在我们周围，很多组织将数字化转型作为一种变革举措来推进，在一定程度上将组织面临的威胁降至最低，并最大限度地化危为机。

在2020年3月至5月的新冠疫情期间，数字化转型在加速重大变革方面发挥的作用得到了充分展示。我们当中那些足够幸运、足够聪明或定位精准的人在较短的时间内，又快又彻底地使用数字技术实现了重大的转型——实现在家高效办公可能是最引人注目的案例。

从新兴的变革科学来看，组织的许多关键行动是合乎逻辑的，它们通过数字化转型创造了许多“看似不可能实现的成就”。但是，你很快就会看到，在转型中没有什么比恰当地应用“精心挑选的少数人”和“多样化的多数人”相结合的原则更重要的了。

今天的数字化转型通常是由少数人主导推动的。如果加入“多样化的多数人”原则，则变革的频次、速度和有效性都会大幅度提升。

数字革命

数字化转型有多种常见的形式。对零售业来说，是用精心设计的在线商店取代线下的实体店。在医疗保健方面，可部分通过远程诊疗提供更有效的一流服务。对制造业而言，是实现工业 4.0，如互联的设备可以在需要维护时发送警报。对几乎所有的大型公司来说，数字化都是一个庞大的信息基础设施，它可以有效地处理会计信息、财务报告、工程分析、销售预测、计划监控，以及与管理者的沟通、简历筛选等诸多事宜。对报纸、杂志和图书业来说，它是出版物从传统形式向全新的形式转变。它还是人工智能（AI）、物联网（IoT）、机器学习、云服务、在线学习等的核心。

数字化转型是组织对当今时代最根本的变化（从工业时代向信息时代转变）的直接响应，目前数字化正在以前所未有的速度发展。世界各地的人类在狩猎和采集的社会阶段发展了十几万年，向农业社会的过渡持续了数千年，从农业社会向工业社会的过渡只用了几百年，从 20 世纪 80 年代开始，人类迈向信息时代仅仅用了数十年（见表 4–1）。

表 4-1　变革的速度

时代	狩猎 + 采集社会	农业社会	工业社会	信息 / 知识社会
变革的速度	非常缓慢	总体是缓慢的	比以前快多了	一直在加速，越来越快
持续时间	十几万年	几千年	几百年	刚刚开始数十年

在某些情况下，数据驱动比其他因素驱动的变革更频繁、更强大、更引人注目，很难找到一个组织不运用数字化来应对变革。数字化是必然趋势。

组织的数字化转型挑战

在数字化转型中，直接受益人往往认为转型成功率很高或者肯定不低。在研究组织转型成功率中收获很少的研究者往往认为，成功率的研究不是那么必要，更重要的是研究成功转型的方法和结果。特别是，严肃的调查指向了转型中的预算超支、恼人的拖延、无用的干扰和未实现的收益。

有时，问题出在选择的转型目标不恰当。更常见的情况是，战略实施走入了歧途（你将在后面的章节中看到，业务重组、组织文化再造和并购亦是如此）。

研究失败的数字化转型案例，我们经常会发现，很多公司并不清楚为什么要进行转型，以及公司将从复杂的转型中获得什么样的机会。数字化转型涉及许多不同的方面，从提高运营效率的软件应用到全渠道零售战略的开发，再到新产品或服务的开发。如果你对希望实现的目标没有明确的描述，转型的努力可能会很快引发集体焦虑，并蔓延到其他多个不相关项目中，从而导致这些项目的求生反应过度，无法推动业务向前发展。

部分原因是，数字化转型特别容易受到“赶时髦”的影响，受到新的令人兴奋的技术和创新的诱惑。能够抵制这种诱惑并在清晰的商业目标下实施数字化转型的公司则要成功得多。

例如，当百思买（Best Buy）面临来自亚马逊（Amazon）的竞争和“线下商品陈列店”的威胁（即在实体店查看商品，但在网上购买折扣商品的做法）时，百思买通过重新评估客户的体验之后做出了回应。它通过把一些劣势转化为优势，从而找到了机会。

百思买公司重新配置了供应链，并利用零售足迹追踪，提供在线订购到店内提货的服务。此外，通过重新定义供应商，百思买发现了可以将其门店用作苹果、微软、谷歌甚至亚马逊等产品的展厅（向它们收取“租金”）。这些变革需要更好的在线服务、移动应用程序和集成的库存系统，但这些数字化协同增强需要在更广泛的业务战略背景下实现。

我们经常能看到，当数字化和业务单元没有在组织上进行整合时，则很容易出现数字化和业务策略的整合失败。

现代组织将各业务活动设计成相对独立的“竖井”单元，数字化转型工作通常由IT部门或一些外包项目中的小型的、训练有素的、非常理性的人员来“管理”。一个略微极端的案例是通用电气公司，2015年，它成立了一个独立的业务部门GE Digital，旨在集中公司的所有IT运营，并建立一个“软件开发”部门。通用电气认识到了工业4.0的重大机会，希望成为工业物联网领域的领导者，将GE Digital建成一个独立核算的利润中心。此外，GE Digital也是其他业务部门实现数字化转型的一个工具。

对通用电气这样的大型集团公司来说，每个业务部门都有非常不同的数字化转型需求。通过集中控制的数字化转型，几乎没有采取什么措施来激励各个独立业务单元进行合作和创新，导致数字化转型计划与业务部门的目标和机会之间脱节。由于未能整合GE Digital并扩大在整个公司范围内的收益，转型失败了，这个部门最终被剥离出去。

当公司开始数字化转型，想要复制某些颠覆性行业初创公司的成功时，通常更容易创建独立的数字业务部门，因此也更具诱惑力。我们以前在创新的公司中见过这种错误——想想施乐（Xerox）公司的帕洛阿尔托研究中心。如果不将数字化转型的雄心与核心业务相结合，你可能会创造出一些创新的新产品，但这不会改变你的核心业务，而改变核心业务是所有数字化转型的关键目标。

数据问题

数字化转型往往会产生更多的数据。在今天的大多数情况下，信息和数据的增加被视为一种资产，而不是一个问题。

随着人工智能、机器学习和大数据的出现，人们普遍认为获取更多的信息是好的、必不可少的，甚至是更有前景的。现代组织的管理有一种天然的偏见，认为“不能衡量，就不能管理”，这是让“数据”显得重要的一个关键原因。

然而，伴随各种电子表格、每月预算更新、客户满意度调查、员工敬业度、员工士气或态度调查、项目管理更新、市场调查研究、行业统计、战略分析等数据带来的好处，它们也带来了一个问题，那就是会被大脑视为威胁。随着越来越多的数据带来的新信息，这些感知到的威胁可能会让我们进入一种压力过大、创新能力下降的状态，使得我们的求生频道被过度激活。

有时，我们大脑的神经连接会认为大量的信息是有威胁的，大量信息表明我们没有完全按计划行事，如某个数字可能显示没有预计的那么好，或者某些数据比上级之前预测的要少。因为低于预期，数据可能被视为威胁，给我们的部门或业务带来了损失。或者因为数据量急剧增加，组织不清楚如何更好地利用它，于是把它视为另外一种威胁。

在很久以前，人类的大脑神经连接就进化到能够成功应对各种威胁——通常是看得见、摸得着的实体威胁，而不擅长区分数据中的重要威胁和轻微（或不存在的）威胁。我们的大脑系统可以处理所有这些“威胁”数据，就像我们在丛林中发现了捕食者一样。威胁太多会引发过度的危机求生反应，导致效能低下，并抑制寻找机会的求兴频道，甚至导致求兴频道完全关闭。

这种数据驱动的威胁对管理者的冲击究竟有多频繁？我们尝试进行了统计，对一名大型能源公司的中层经理而言，电子邮件、书面报告、会议中的 PPT、客户调查、财务报告、项目时间表、监管机构的报告、人工智能和大数据创建的销售预测（列表似乎无穷无尽），每周总共有 3 组报告，每个报告至少包含 200 个到 1 000 个数据。对这名经理而言，相当于每月收到 2 400 条潜在的坏消息。在一个业绩良好的组织中（从大多数标准来看，这位经理的组织是优秀的），也许 90% 的消息实际上是正面的，表明我们今天达到了目标，或者我们在未来有新的机会，但仅其中 10% 的负面消息就带给我们 240 个威胁！

这还没有考虑我们的计算机和智能手机、搜索引擎、社交媒体、有线电视带来的大量冲击信息，以及其他各种威胁带来的信息。当你叠加这些因素，你每月收到的坏消息数量可能需要在 240 个的基础上增加 3 倍，甚至更多倍。

最大的问题是，很少有人意识到数字化转型带来的数据爆炸是一个严重的问题并进行严肃的探讨。

我们并不是说大数据不好（显然不是），也不是说数字化转型不重要（当然重要），而是考虑到现代组织的性质，今天组织的反应模式很容易忽略大脑处理数据中存在的问题，更可能将我们推向一条减缓或破坏变革的道路。当然还有一个更好的选择——一种需要你尽快去拥抱的变革方法。

成功的 SAP 实践

似乎每个大型组织都有一个令人失望的 ERP（企业资源计划）或 CRM（客户关系管理）系统实施的故事。这些变革效果不佳的最常见原因是缺乏控制、管理不善或技术太难。考虑到这些变革实施的规模性和复杂性，我们在本书中描述的挑战可能会更加尖锐。

你在这些变革项目中通常看到的是规模小且身份相似的领导团队（通常是精英）在指导变革，而没有得到大规模、多样化的成员的参与，没有激发大多数人的能量、紧迫感、激情以及团结协作。你也会发现，被任命去领导这项工作的人很少得到那些渴望变革成功的志愿者们的帮助。你会发现他们在采用传统的管理流程，重视制定计划、步步推进、监控指标、发布政策、层级分工和过程控制。你看不到一个来自相关部门、志愿变革的领导团队一起高效合作，也看不到一个自下而上的创新举措。采用这种变革方法，你需要完成一系列变革任务，但现代组织的稳定本质将让你的变革遭遇无数的障碍。

简而言之，你又一次遇到了一种令人遗憾的抑制求兴频道的变革方法。而且，在某种程度上，你会发现这种方法在过度激活人们的求生频道，持续抑制人们的求兴频道。

其实，非常积极和成功的 SAP[①] 实施案例并不多见。一般来说，传统行业更容易受到数字化的冲击，这也是我们喜欢下面这个案例的原因。

这是一家位于欧洲某地区、有着百年历史的大型水电公用公司。这家公用事业公司为其所在地区的数百万用户提供服务。

在一位雄心勃勃的首席执行官的大胆推进中，公司开始了数字化转型，包括对整个业务运营的彻底审查：组织结构和制度流程，客户关系，信息在组织中的流动方式。公司决定不仅要升级原来的数字基础设施，还要实现跨越式的发展，让一线工作员工从使用铅笔和纸张工作彻底转向使用笔记本电脑工作。这一变革十分重大，甚至需要更换一个新的公司标识。

过去上班时，几代员工都会出现在调度室，和同事一起喝咖啡，然后走同样的路线，看到熟悉的面孔。现在一切都消失了。通过这次管理升级，员工们现在一早醒来就会发现，iPad 中的软件已为他们设定了一天中最高效的工作路线。

这种软件升级显然与更广泛的业务战略有关，公司希望要从缓慢的、自上而下的决策模式转变为反应更敏捷、更贴近用

① 全称是 Systems Applications and Products in Data Processing，是德国的一套企业资源管理软件系统。

户的决策模式。数字化转型是实现公司新愿景的关键部分，即要成为本地区第一家快速识别和响应用户新习惯、新需求和新期望的公用事业公司。如果数字化转型成功，将会大大鼓舞公司同事——或许是专家们告诉他们的，他们需要超越垄断带来的组织僵化，在用户响应能力、效率和业绩方面为行业树立榜样，这也将给政府、民众、员工和工作场所等带来广泛的积极影响。

鉴于需要实现的目标十分宏大，公司高层决定不使用简单且功能有限的软件，而是选择全面实施 SAP 系统，这可以大幅提升效率，并能让公司以更好的方式思考如何有效部署资源以及如何管理客户关系。

在转型启动的过程中，领导团队敏锐地意识到，这可能会在无意中触发员工的求生频道。因此，他们进行了开诚布公的沟通，甚至承认数字化转型将优化一些岗位，端到端的流程变革将对工作方式产生重大改变。领导层明确表示，帮助所有员工实现新的高产出、尽量减少裁员是他们的重要目标。

他们还编制了变革声明，重点阐明为什么要进行变革，组织可以利用哪些机会，为什么他们现在处于变革的有利位置，以及为什么现在是合适的时机。这份旨在通过理性说服和产生感性共鸣的变革机会声明，被员工们视为一次组织号召，而不是又一个普通宣贯。

在最适合的条件下全面实施 SAP 不是一件小事，实际上转型工作也遇到了挑战。但通过运用本书中描述的许多变革策略，公司克服了这些困难并快速取得了进展。

最初的一项举措源自一个基础问题。在变革推进中，公司的变革执行委员会被多次告知，公司庞大的用户数据库中至少有15万个字段数据缺失或明显不准确。此外，他们获悉，SAP实施的先决条件是要获得准确、干净的数据。公用事业公司内部没有能力在要求的时间内完成这样的数据清理工作。

公司有人联系了一些合格的供应商，告诉他们需要做的是：填补缺失数据、不完整或明显错误的用户姓名和地址、水电使用数据和应收账款信息。需要快速地完成工作，以使变革项目按计划进行。只有一家供应商做出了回应，他们简单明了地答复说："没有人能在规定的时间内完成你们的要求。"

公司通过各种形式向广大员工宣贯机会声明中所阐述的变革理由。例如，领导团队采用了一些艺术化的形式，创造一个全黑的时刻来代表变革带给人们的焦虑，让传递的信息变得极具感染力。虽然不是所有人都立即参与进来，但一些员工确实立即喜欢上了这个创意。因此，领导团队从各级和各部门中召集了一些中立和积极响应的成员组成了团队。该团队充分发挥成员的想象力，在整个组织中创造出一种紧迫感，围绕机会来开发一种新的变革方法。

团队的任务是激发员工，让员工们将变革视为一种自由行为，一种建立更强大、更有活力的现代公司的手段。在找到志同道合的一批志愿者之后，团队立即组织了一次数据清理活动，工作人员全部由志愿者组成。团队成员利用晚上和周末联系每一个用户来获得信息，他们访问每一个地区、每一个街区、每一个家庭，以便获得一个个准确的地址、电话号码和表数。为了找到隐藏的电表和水表，他们甚至拆除了墙壁。于是人们发现了埋在建筑物下方或背后的设备，以及被杂草丛生的灌木丛遮挡的设备。如果没有激活员工的求兴频道，这项劳动密集型工作就永远不可能完成。

由于用准确数据替换丢失的或不正确的数据的速度比预期快，员工们的热情和努力与日俱增。在一个自我激励的、雄心勃勃的 90 天行动计划结束之前，所有 15 万个字段数据都被精确信息填满，包括姓名、地址、用量等。

令许多人（包括变革执行委员会的一些成员）感到惊讶的是，SAP 的实施居然按计划进度在预算内顺利完成了。

正如他们在“机会声明”中所说的，这种“不可能完成”的成功吸引了更多志愿者主动参与使用新技术，没有人感觉自己是被迫参与的。

之后，更多的变革项目陆续启动。其中一个项目是专注于收集未支付的账单，因为之前没有准确的用户数据，导致许多发票甚至没有正确的对应人。在很短的时间内，该项目就实现了 1 亿欧元的盈利。另一个项目侧重于优化小型采购的流程，原来采购的平均耗时为 50 天，现在缩减到 10 天以内，反对者之前曾认为“这是完全不可能做到的”。通过获取不间断的小胜利，多样化的、大批的志愿者主动地发挥了领导力，克服了数不尽的官僚主义和其他障碍。

一项极其复杂的数字化转型取得了成功，逐渐给公司带来一些非常深远的商业成果。

在转型过程中采取新的行动、取得更好的成果，不断沟通和及时表扬，一次又一次重复强化，逐渐在大多数员工中培育出积极参与变革的心态。技术变革和大量数据不再被视为威胁，而是被当成快速创造繁荣兴旺未来的机会。曾经参与转型早期工作的一位员工说，一开始觉得“这似乎只是一个幻想”，但在见证、参与和庆祝这些成功的过程中，员工的心态和专业水平都有了大幅度的改变。

不仅仅是少数技术专家，公司大多数人都开始相信，令人敬畏的外部变化虽然速度很快，需要他们在公司内部做出更多、更快的变革，但他们是有可能做到的。

看到人们在一个被许多人视为乏味行业的公司里完成了“不可能的任务”，并为此感到自豪……这真的很鼓舞人心。

让数字化转型取得成功

那么，这家传统的公用事业公司是如何取得数字化转型成功的呢？请看表 4-2。

首先，该公司成功绕开了阻碍数字化转型的大多数陷阱：组织目标不明确，仅将 IT 系统（本例中为 SAP）视为一个亮点，没有真正将其融入更广泛的组织战略，转型中几乎只关注技术，不重视人和变革的可行性，不能处理好转型带给人们的焦虑，依赖小规模和同质化的团队来设计与实施变革，以及过度依赖管理流程。事实上，这家传统的公用事业公司的成功在于做对了上述所有这些方面的工作。

表 4-2　变革加速的更好方法

为什么少数的数字化精英人士不能领导数字化转型取得成功	多样化的大众群体加上数字化精英一起推动数字化转型取得成功
组织转型的目标不对或不明确	令人信服地阐明数字化转型可以抓住哪些机会、实现哪些目标
只是根据竞争对手、市场需求或新技术做出反应性的行动，而不是与组织战略的各个方面协调一致	从组织目标衍生出协同一致的各种行动的综合方案
主要关注技术和数据，而不是关注受变革影响的人和变革的可行性	除了关注工具、技术和培训之外，还关注人的行为、心态和参与度
不能理解和处理好数字化转型带给人们的焦虑、不确定性和数据爆炸	解决了员工的恐惧和焦虑，让求生频道舒缓下来
组建了一个同质化的变革小组，导致错失机会、支持有限和阻力变大	在广大的员工群体中建立起紧迫感和承诺度
严格僵化的执行和过度依赖管理流程	通过在广大员工群体中激活求兴频道，激发了大多数人的行动和领导力

其次，领导团队对可能实现的机会进行了令人信服的阐述，制定了业务战略和与之密切相关的活动。除了关注工具、技术和培训之外，他们还充分关注人的行为、心态和参与度。他们处理好了员工们的恐惧和焦虑。

最重要的是，他们没有试图通过 IT 部门中有限的技术专家团队来推动数字化转型，而是让广大员工建立起了紧迫感和承诺，激发出了广泛的行动和领导力。

正如新兴的加速大规模变革的专门科学所预见的，这种转型方法是非常有效的。

05 第5章

兼顾创新和未来的重组

业务重组是指公司为了提升效率和盈利能力而在运营或财务结构领域进行的重大变革。业务重组会给公司的商业活动和人员组织方式带来重大变化。

如同战略规划和数字化转型作为一种特定的战略性变革举措一样，在某些情况下，业务重组也可以成为推动必要、有益变革的手段。现代组织诞生一个多世纪以来，业务重组就一直存在。尤其在经济衰退期间，业务重组被广泛使用。在最近的数十年里，所有的证据都表明，业务重组的使用频率越来越高。

在我们撰写本书时，世界各地的组织，无论公共部门还是私营部门，都比以往任何时候更需要进行业务重组，以应对新冠疫情和经济衰退的影响。目前，大量中小企业或资金短缺的企业几乎无法生存——业务重组并不能拯救它们，事实上，过度的求生反应可能会让它们的问题变得更糟，让它们难以求生，并扼杀求兴发展，削弱必要的创新。这种负面影响正在呼唤创新来应对不断变化的世界。许多证据表明，问题正变得越来越严重。

但问题并非无解。

如何取得超乎想象的成果

新兴的变革科学揭示，传统的业务重组在今天已经造成了严重问题，但有一个替代的方法可以避免这些问题。我们最近研究的一个案例证明了这一点。

一家总部位于欧洲的知名全球消费品公司，决定要对其生产部门进行重大业务重组。技术的进步使公司的一些设备和生产方式过时了，市场需求也发生了区域性变化，再加上一些兼并收购，导致产能过剩和生产力低于预期。

一项为期六个月的全面研究让公司执行委员会明白，无论多么明智或创新的渐进性调整，都不能恢复其供应链的竞争力，必须要做一些更大的、更艰难的变革。具体来说，他们决定将生产工厂从 18 家减少到 13 家——位于四个国家的五家工厂将被关闭或出售，大约 2 000 人将会被解聘。

鉴于所有工厂都成立了工会，大多数工厂都有许多长期雇员。公司高管们意识到，任何关于关闭五家工厂的声明都会引发极大的愤怒、焦虑和动荡，预计这次业务重组将会带来员工的焦虑和混乱。员工罢工，能让工厂有序关闭的关键人员流失，或者留下来的员工的生产力普遍降低，都可能产生非常严重的损失。常识告诉他们，要实现盈利增长，生产部门必须要更具竞争力，而在短时间内提升竞争力的唯一途径就是业务重组。

该公司负责业务重组的这位高管，曾亲身经历过一次本书中描述的变革领导过程和基于四个原则的大规模变革。他向公司变革委员会建议，利用他过往的经验来进行业务重组，并根据各个工厂的具体情况进行量体裁衣。他的建议最初遭到了一些高管的严重质疑，因为他们曾经历过非常不愉快的业务重组和工厂关闭。“这将引起罢工。”“在这种情况下，你不能信任别人。”“你不应该提前告诉员工，否则最有能力的人会提前离开，这会影响工厂的正常运营。”

他向高管们介绍了他以前的亲身经历，表明大多数员工是可以进行积极坦诚的沟通的；可以帮助员工们看到业务重组的好处和机会，而不仅仅关注可怕的威胁；邀请来自不同群体的人参与领导重组；从道理和人心两个方面赢得支持；等等。

这是一次艰难的说服。但因为有足够多的成功案例，以及他承诺能实现公司变革委员会要求的成本和生产力指标，于是，委员会有保留地支持他继续进行非常规的业务重组。

于是，为何变革、如何变革的一整套说明，就由公司高层精心推了出来，在每个工厂进行宣讲。这些宣讲会简短且实事求是。领导者坦诚分析了公司过时的技术系统和缺乏竞争力的生产体系，以及他们认为关闭工厂是改善公司经营状况的必要策略。他们分享了为期六个月的研究结果，这项研究帮助他们明确了哪些工厂需要关闭，并为即将进行的工作设定了明确的时间表（向大家说明，公司将在 12~15 个月内关闭这些工厂）。

在简短的宣讲之后，他们马上在工厂内进行长时间的小组讨论。在这些时间更长、没有明确设定议题的会议中，人们的情绪宣泄出来，场面一度令人难堪。但让员工感到意外的是，他们被告知，业务重组期间除了继续保持原先的生产力和持续降低生产成本外，还将增加两项新要求。员工们需要回答两个问题："首先，对于关闭工厂的决定（我们永远也不会指望你会同意），你是否受到了正当的和公平的对待？""其次，在我们的支持下，你是否能确定自己的个人发展目标并朝着这个目标前进？"他们最终的目标是希望从绝大多数员工那里得到对这两个问题的肯定回答。

一些人在离开会议室时感到谨慎的乐观，或者至少不那么焦虑和愤怒了。但许多人仍然很愤怒，并且不相信工厂关闭的目标能够实现。

每个工厂都成立了一个 20 人的领导小组，称为工作委员会，负责制定和实施推动工厂关闭的决定。员工们被告知，每个人都可以申请加入工作委员会。申请的志愿者来自组织的各个层面，包括技术人员、中层管理人员和高管。然后举行选举投票，每个工厂参与投票的人数都在 90% 以上。

此后，关于如何关闭这些工厂的所有决定都由这个工作委员会做出。他们没有权力决定这些工厂是应该继续生产还是部分关闭，只对公司高层设定的目标负责。但作为回报，工厂关闭过程不由公司高层远程控制，他们被授权决定如何关闭工厂。

除了进行日常讨论和决策外，工作委员会还举办大量的沟通对话（关注“心”和“脑”），缓解员工在这些重大变革中产生的情绪波动。他们帮助大家思考下一步想要做什么，以及如何实现自己的目标。这些沟通会议产生的结果是，一些人决定留在一个类似的工厂工作，有些人决定退休去开一个餐馆，或者回到学校学习。总之，几乎所有人都感激这些意料之外的帮助。

员工们过度紧张带来的愤怒和焦虑情绪有所下降。

在各个工厂，工作委员会决定创建“变革愿景”，他们直言不讳地表示：工厂将被关闭，但他们承诺要公平、友好地善待员工。这些委员会负责业务重组沟通的各个方面。大多数委员会通过创新的海报和宣传活动营造了“积极的影响”，这些宣传活动成功地吸引了人们自愿加入他们的行动。尽管没有正式规定，但委员会都会为员工们在变革过程中取得的小小胜利举行庆祝，包括为那些因为获得新工作而提前离开的同事庆祝。

重组流程获得了越来越多人（尽管不是所有人）的认同，委员会也获得了越来越多同事的信任。随着焦虑情绪的降低，员工们的创造性在工厂关闭过程中被激发了出来。

简而言之，在工厂关闭或移交给新的雇主时：

- 工厂最后几天的生产力与宣布关闭前一样高或更高，公司执行委员会的多数人曾经认为这是不可能的。
- 每项财务指标都达到或超过了最高管理层的期望。
- 没有出现停工、罢工或生产力下降。执行委员会曾经认为不可能成功的方案，后来大都获得了成功。
- 后续的生产订单被转移到保留的工厂，几乎没有造成损失。
- 顺利而成功的工厂关闭工作使公司高管避免了许多潜在的干扰，并将注意力集中在实现业务重组后的整体发展上。
- 96% 的员工认为自己受到了公平和良好的对待，他们愿意接受这个结果。

业务重组的挑战

虽然每个组织发起业务重组的理由各不相同，但大多数属于以下两种情况：第一种业务重组的最终目标是提高效率和盈利能力，而削减成本是工作的中心。由于员工工资对绝大多数公司来说都是一项庞大的预算支出，因此，业务重组通常会涉及裁员，甚至可能大量裁员。第二种通常是由内部或外部环境的变化引发的，目的是改变业务运营模式和业务调整。虽然第二种业务重组可能不涉及大规模裁员，却要对工作任务和人员进行合理的重新调整。

即便不是有意为之，大多数人也会本能地将公司裁员视为对他们的生计、自我、家庭、职业等的重大威胁，更不用说事实也是如此。在我们的脑海中，被裁员或调整到一个不是自己主动选择的新岗位，或必须学习一种新技能来维持工作，或被调整到新部门与新上司、新同事共事，都会引发员工内心的严重焦虑。

因此，业务重组代表了一种威胁，并触发了人们严重的过度求生反应，带来显著的恐惧、焦虑和愤怒情绪。即使只是无意识的，我们的注意力也会完全集中在自我保护和解决现有的业务问题，而不会关心潜在的发展机会。在这种情况下，我们一次又一次地看到，求生频道压倒了求兴频道，人们的创造力（以及任何对更快、更明智、更有效地处理困难局面的关注）消失了。更重要的是，在动荡和不确定的时代，生产力和创新能力大幅下降对公司是一场重大的灾难。

如果业务重组是由一种新的商业模式引起的，则问题更加严重。商业模式创新对内部运营造成的破坏，以及激发过度的求生反应，将严重阻碍业务重组的实施，在许多情况下还可能导致业务转型失败。虽然有些人认为这样的挑战是难以避免的，但事实并非如此。例如，奈飞（Netflix）公司把商业模式从 DVD 租借转型到流媒体内容生产和销售，这对它的上下游利益相关方的权力、影响力甚至工作都会带来非常现实的威胁。然而，奈飞成功避免了激发过度的求生反应而实现了转型，公司的生产力、创造力和创新能力也获得了提升。

在应对常见的业务重组问题上，有的公司处理得相对好一些。在过去，只要公司把重组流程管理得好一些，建立起一个新的商业模式，内部变革也就停下来了，激进的成本削减工作结束，人们的焦虑、愤怒和恐惧也会最终消散，员工的生产力也会提高。但是，管理层可能还需要很长一段时间才能重新获得员工们的信任，让他们感到安全，以及克服失去朋友和作为幸存者的愧疚感，产生对未来的希望和激情。**在一个飞速发展的世界，公司的变革已经失去了从前那个时代的从容。**此外，在员工流动性更大的商业环境中，管理不善的业务重组会导致严重的人才流失。

传统的业务重组方法正面临越来越多的问题

理解什么样的业务重组方法在今天有效，有助于认识传统的业务重组方法，并理解为什么它们越来越不能产生预期的成果。

总体来说，业务重组通常遵循这样一个流程：最高管理层根据业务状况设定重组目标，包括成本节约、效率提升、销售收入增长、盈利能力提升或其他的绩效指标。外部顾问或内部专家分析公司的业务活动和人员的组织情况。他们将现状与预期的目标相对比，找出冗余部分。最高管理层对业务活动、组织结构和进度安排（如应在几年内分阶段实施、分阶段较快地实施，还是立即实施）做出重大决策。通常情况下，除非需要高度专业化的外部顾问介入，实施工作一般由公司内部人员完成。具体的实施决定可以由高层做出，但更普遍的是由相关人员或中高层管理人员组成的工作组做出。在某个阶段，公司内部沟通十分重要，例如，如何解释公司的决策，向哪些人解释，何时解释，消息如何一层层向下传达等。人力资源部和法务部将参与裁员的相关工作。公司如果有专门的转型办公室，则由其扮演项目管理者的角色。

如今，这种传统的业务重组方法存在诸多问题：

- 与典型的战略规划方法一样，如今的业务重组越来越多、越来越快。精心挑选的小团队既没有时间也没有足够的信息在实施过程的每一步做出最佳决策。
- 即使公司在沟通方面做得很好，可一旦员工们的求生频道被激活，各种谣言和小道消息也会淹没公司高层传达的信息，降低员工对管理层的信任。于是，员工的注意力不再聚焦于解决业务问题和寻找机会。事实上，业务重组往往只是关注短期的成本削减，无论公司如何沟通，都只会让情况变得更糟。
- 业务重组之后，人们的信任、注意力、士气和个人生产力恢复得很慢。在以类似时速100英里驾车飞驰的过程中，公司越来越需要加快业务重组，然后立即实现业务增长和模式创新。你没有时间等待元气恢复。在绝大多数情况下，由于人们之间缺乏信任、充满负面情绪、狭隘地关注威胁而不是机会，使得业务重组本应带来的创新和增长都不能实现——所有这些都与过度反应的求生频道和未被激活的求兴频道直接相关。

总的来说，传统重组方法适合在一个行动缓慢、不太复杂的世界进行——在这个旧世界中，变革发生的频率很低、商业周期很长，创新也不那么重要。

一个具有警示性的案例

2015 年前后，商业界发生了一起引人注目的重组案。在这次由著名投资公司发起的大重组中，两家公司被合并为一家大型食品公司。在宣布合并时，很多人都在谈论两家公司的战略协同效应和国际性品牌效应。但这家大型食品公司在交易完成后几乎将所有的注意力都集中在一项特别激进的业务重组上——通过零基预算（Zero-based Budgeting）这个主要工具帮助管理层削减了近 20 亿美元的运营成本。

证据表明，这家公司实施业务重组的方式不仅激活了员工的求生频道，而且在相当长的一段时间内引发了过度紧张的求生反应。例如，世界上最大的就业和招聘网站之一 Glassdoor 的职员数据显示，两家公司合并后员工满意度下降了 15%，这一下降可能需要两年半的时间才能恢复。也就是说，在两年半的时间里，员工的求兴频道没有得到激发，同时求兴频道应该产生的成果（应对消费者需求变化的关键创造力和创新）也完全丧失。在此期间，没有证据表明，最了解市场的员工会主动寻找新机会、拥抱这些新机会，或通过创新和合作来利用这些可能的新机会。

在过去，员工满意度对一家拥有强大品牌、几乎不存在严重竞争威胁的大公司来说可能没有多大影响。这样的业务重组只会让公司暂时蒙受一些损失，在过度的求生反应结束后，最终公司的经营业绩还将反弹。但这家公司所在市场并不是一个传统的几乎没有变化的市场——消费者的口味正在不断变化，对更健康食品的追求成为新的趋势。竞争对手（老对手和更多的新对手）正在抓住这些新需求、新机会抢占市场份额。零售商集中度的提高也增强了它们与消费品公司的议价能力。该公司只能努力保持原有的市场份额，还必须得十分努力才能维持原有的利润率。

在业务重组显然还没有走上正轨时，该公司的高层尝试了三种策略。

- 由于业务增长不如预期，他们进行了多轮裁员，试图保持原有的利润率和股价上涨态势。这就导致了更多的过度求生反应，使得员工士气长期低迷和个人生产力持续下降。
- 他们还试图利用裁员带来的短期成本降低进行一次新的合并，但股票市场没有充分认可公司内部取得的成绩。
- 其中一家投资公司也采取了在私募股权领域常见的做法，把这家公司管理团队的奖金比例与业绩指标挂钩。在某种程度上，该公司采购部门的一些人受到这些激励机制的推动，采取了一些突破法规边界的做法，可能是自认为这样做真的没问题，或者认为只是为公司赢得喘息机会的短期举措。但他们的做法被揭露了出来，因“会计违规”上了头条新闻。

多项证据表明，业务重组的数量一直在增长。在一项关于公司裁员的大型研究中，研究人员发现，1979 年，《财富》100 强公司中宣布裁员的不到 5%。1994 年，《财富》100 强中有 45% 的公司进行了裁员。另一项针对 2000 家公司的研究报告显示，65% 的公司在 2008 年经济衰退期间和之后立即进行了裁员。

正在进行业务重组的公司数量在不断增加，但似乎并未转化为公司更大的成功。标准普尔和布鲁斯·亨德森研究所对“公司转型”进行的一项研究表明，公司转型的成功率并不高（按照两者的衡量标准，几乎所有的公司转型都包含重组）。该研究采用了一种考查实际业绩指标（而不仅仅是“意见”）的方法，结果显示，在 2001 年和 2012 年，公司转型的失败率分别为 70% 和 75%，失败率的定义是在一年和五年的时间段内其业绩指标都低于行业基准。

我们相信公司的业务重组还会持续发生，实际上也是在持续增加的。公司需要一种不会扼杀创新的新方法，帮助人们走出变革的低谷，而不是蹒跚前行。

一种契合人类天性、现代组织特征和快速变化环境的变革方法

在本章的开头，你阅读了一个不同于上述公司的重组案例。这种重组方法避免了与传统业务重组相关的问题，提升了成功的概率。领导者会集中精力思考如何实施变革，以及确定哪些变革是必要的。

这个过程概括如下：

- 描述一个变革理由，强调业务重组带来的好处。
- 让广大员工参与并加速产生重组成果。
- 强化并维持变革的前进势头，直到获得成功。

描述一个变革理由，强调业务重组带来的好处

很多时候，业务重组被视为一个“燃烧的平台”，它强化并过度激发了人们的求生反应。因此，退后一步，着眼于更大、更长期的机会至关重要。

怎么才能避免这种问题呢？关键是为人们的“心”和“脑”准备好一整套关于变革如何积极正向的解读。这可不是画饼、忽悠，拿不切实际的空话来蒙人。我们所指的是，要转变人们的立场，改变人们的态度，让人们能看到在原来聚焦关注的那些短期挑战背后，正有着更大更广也同样真实的机会，即给这些组织的、员工的、客户的以及相关各方的实实在在的机会。

激发求兴频道也不能忽视或淡化当下的严峻现实。领导者

必须拿出一份“机会声明”，不仅是积极的、令人信服的，而且要诚实地说明为什么必须进行带有破坏性的业务重组。在我们接触过的最好的案例中，领导者冷静、坚定地明确表示，公司发展的最终目标远比削减成本或业务重组更宏大、更鼓舞人心。例如，在前面的案例中，在关闭五家工厂的情况下，公司的更大目标是创建一家更具可持续竞争力的公司，以及为那些被解雇的人提供一个比当下更好的工作和生活的机会。

理智的求生反应会大大提高人们对充满希望的、前瞻性的变革愿景的接受度。领导者可以通过承诺把业务重组对员工和客户造成的困扰降至最低来缓解求生反应。其中，良好的沟通十分重要，领导者的言行一致则更为重要。

沟通方式必须与公司的重组背景相适应，下面几个沟通原则可以提供指导：

第一，对做出重组决定的理由、进度，以及最重要的重组流程保持透明和坦诚。公开离职补偿政策、职业介绍服务等。不要让员工们猜测或让谣言扭曲事实。

第二，展现同理心。对高层和中层领导来说，了解员工在整个业务重组流程中的感受并充满共情至关重要。这些重组沟通可能会让人感到不舒服，员工们的焦虑可能会令管理者回避或推迟进行此类沟通。然而，重要的是，领导者要亲临现场，面对面双向交流，让员工提出问题并进行适当的回应。

第三，在业务重组过程中试图建立员工对领导层的信任通常为时已晚，也很容易损害已经存在的信任。通过言行一致，领导者可以防止信任度的滑坡。

高层管理者往往低估了业务重组带来的破坏性。要确保高层领导，尤其是公司执行委员会，不仅在变革的理由上，而且在如何将员工感受到的焦虑和困惑降到最低的问题上保持一致。

让广大员工参与并加速产生重组成果

通过业务重组实现积极的变革需要全员保持紧迫感和承诺，这不仅仅是少数高管的事情，而且需要大多数人参与进来。就我们所看到的情况而言，最好从建立一个值得信任和充满活力的领导团队开始。这个团队在员工眼中必须有信誉，通常需要包括高层管理人员，以及来自各部门、层级和地区的多样化人员。最好的团队组合应包括信任度高、消息灵通、有影响力的员工，他们相信积极的变革结果确实是可能实现的。

让员工们参与变革需要一个愿景，这个愿景不能仅仅是要建立一个更精干、更有成本优势、结构更加优化的组织，而是要建立一个繁荣兴旺的公司，能够实现以前不可能实现的成果。如果需要关闭工厂，愿景则必须包括为被解散员工提供一个可接受的或更好的（理想情况下）出路。

业务重组的成败通常取决于具体的举措，如流程改进、新产品设计，或促使成本降低的新营销战略。在选择这些举措时，必须牢记一点：**在整个业务重组流程中，关键目标是要避免无意中让公司陷入过度的求生反应，而应建立起公司的信誉和发展势头，更快而不是缓慢地完成业务重组，带领公司迅速**

转向以求兴发展为导向的增长阶段。

业务重组实施过程中的关键是公司管理层表达出真诚的关心和值得信赖，尽量减少对员工生活的负面影响，愿意帮助有需要的人，包括被重组或被解雇的员工。

变革的成功实施需要授权员工们采取行动。最了解具体情况的人通常最适合决定解决方案、测试假设、迅速试错，并在需要时进行调整。当领导者专注于清除变革障碍、恰当授权行动，创新团队和充满活力的志愿者就可以找到创造性的解决方案，让员工做得更好，最终让公司变革成功。

为了减少质疑，及时庆祝短期的胜利至关重要。然而，对某些群体来说，不恰当的庆祝会适得其反，如以牺牲原有的部分业务为代价带来的新业务增长。

虽然人们永远不会庆祝成功地减少了 10% 的冗员，但我们可以赞赏裁员过程的透明度，庆祝个人实现了自己的目标（如找到新工作、决定退休、重返学校），并激发人们对变革的热情，这些庆祝有助于给业务重组带来新的机会（如新投资或市场份额的增长）。

强化并维持变革的前进势头，直到获得成功

即使在理想的情况下，在经历了一些变革阵痛之后，也可能会有人呼吁尽快宣布变革取得胜利并停止前进，或者谴责某些决策是不公平的、不适当的或贪婪的，或者屈从于大众的疲惫感。为了维持变革成果，保持一定的速度和效率持续推进变

革，并避免造成新的问题、带来更多痛苦、造成过度的求生反应和失去必要的求兴反应，领导者需要在变革的开始阶段与中期阶段做好精心的培育和持续强化，直到变革最终完成。请记住，即使是最聪明的变革方法，也是在人和组织渴望稳定、求生和避免威胁，而不是主动寻求变革、机会和追求持续卓越的背景下进行的。有时候，现状似乎看起来很好，但不主动变革的后果却可能非常糟糕。

除了像本章第一个案例中完全关闭工厂的极端情况外，要在变革最后阶段取得成功，通常需要集中精力将有益的变革制度化。例如，在许多业务重组中，可以将重要的培训嵌入人员发展计划中。可以重新审查人员招聘和入职流程，以确保两者与新的组织结构和工作需要保持一致。可以重新设计激励机制和团队结构，确保各项措施协同一致，为后续更多的业务重组提前做好准备。此外，没有什么比将新的行为规范和价值观植入组织文化更能让变革深入持久的了。

当前的现实与应对之策

研究表明，在一个快速变化的世界里，最好的业务重组方法与当前普遍采用的方法大不相同（见图 5-1）。新的方法不仅重视理性分析，还把理性分析和人的感受充分结合起来；不仅关注短期的成本降低，还关注创造价值和抓住机会；不仅有高层人士参与，还有多样化的大多数人一起推动变革。

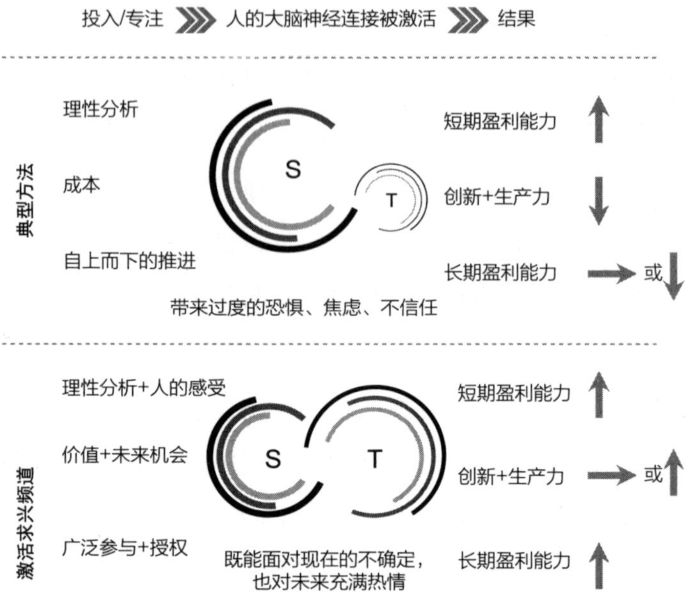

图 5-1　不扼杀创新的业务重组

因此，与其制造过多的焦虑、恐惧和不信任，以及过度的求生反应，导致求兴频道受到抑制，不如适度地激发求生频道和求兴频道。这将带来短期盈利能力、创新能力、生产力等的全面提升。

新的变革方法加入了对神经科学和人类天性的考虑，这是第一种变革方法中所缺失的，并且更好地消除了现代组织中固有的变革障碍。这种新方法能够产生令人惊喜的变革成果。

06 第6章

变革文化以提升组织适应性

组织努力应对快速变化世界的第四种方式是有意识地塑造自己的“适应性文化”，不要让其成为阻碍变革的“锚”，而是成为变革加速和组织适应力提升的积极力量。

与战略规划、数字化转型和业务重组这些可以高度指标化的变革活动不同，文化通常被视为“软性的”。在一个管理流程占主导、量化管理越来越重要且必要的商业世界里，文化很少能成为推动组织繁荣兴旺的核心驱动力。

尽管如此，文化仍然是一个十分重要的问题，因为有很多人直觉地相信“文化能把战略当早餐吃”（这一观点经常被认为是管理大师彼得·德鲁克所言）。也就是说，就推动变革的力量而言，文化可能比战略强大得多。以此类推，我们更可以说：“文化吃掉业务重组更是小菜一碟。”

在过去十多年中，关于文化及其对组织绩效的影响的讨论越来越多。许多非常成功的科技公司都将文化视为吸引人才和提高运营绩效的关键因素。奈飞公司把文化规范和价值观整理成册，并制作成 PPT，这些内容迅速在业界传播开来。一位知名科技公司的高管甚至称这份 PPT 文件为“硅谷最重要的文件”。

因此，文化的重要性得到了进一步的广泛认可。虽然人们经常看到一些公司声称其文化变革带来了收入增长、利润增长、员工满意度提升等好消息，但要在现实中找到文化变革成功的代表性案例并不容易。

与战略规划、数字化转型和业务重组一样，真正的问题并不在于文化变革缺乏可行性。恰恰相反，大量事实证明，如果组织能够创造正确的文化，就能够促进战略的实施，或帮助组织提升适应能力，极大地促进组织在复杂多变的环境中繁荣兴旺。

变革问题的根源在于人类天性、现代组织特征、常见的领导变革误区，以及对这三者的认识不充分。面对这些问题，我们需要澄清：文化究竟是什么？文化来自何处？如何改变文化？文化变革最重要的是：它是一种行动实践，而不是描绘愿景的信息。我们所称的在变革中不断取得“一个个小小胜利”，就是以渐进式变革行动取代“旧的变革方式”。

什么是“文化”

学者们认为，战略管理源自军队，直到 20 世纪 70 年代才真正在商业或其他组织中广泛应用；文化则来自对偏远社群的社会人类学研究，也是到20世纪80年代才真正在商业和相关领域得到广泛应用。

社会人类学诞生于19世纪末20世纪初的学术界，当时研究资金充足，长途交通越来越便利，人们对不同于主流工业化国家的社会的研究兴趣日益高涨。玛格丽特·米德（Margaret Mead）等人前往南太平洋或美洲原住民保留地进行了长期深入的研究。最初，他们简要地描述了当地人的生活，试图理解为什么当地人的生活在许多方面与他们先前考察的人群截然不同。在这个过程中，他们锁定了“文化”这个概念。这个概念的定义非常宽泛，当他们使用“文化”这个术语时，意指一个群体中代代相传的任何东西，包括一个人的做事方式、使用的技术和工具、穿的衣服、吃的食物、遵守的礼仪和宗教仪式等。

早期研究学者得出的四个重要结论在今天仍然非常重要。

第一，人们通常很难描述自己的文化，或者对自己的文化达成一致的认识。

第二，人们之所以对文化描述感到吃力，部分原因是文化并非通过正式方式有目的地进行传承，而是通过非正式方式传承下来的。例如，新来者和孩童如果行为得当，则会受到赞赏；如果行为不当，则会受到处罚或嘲笑。

第三，尽管文化基本上是无形的，但它仍然是一股非常强大的力量。有的人为了表达对文化规范和价值观的忠诚而付出巨大代价，甚至牺牲生命。

第四，文化往往非常稳定，变化非常缓慢。

组织文化的概念在商业领域的广泛应用，部分是源于哈佛大学的特伦斯·迪尔（Terrence Deal）和艾伦·肯尼迪（Allan Kennedy）在1982年出版了一本畅销书《企业文化：企业生活中的礼仪与仪式》。他们的研究兴趣来源于日本消费电子产品和汽车公司（如索尼、松下、丰田和日产）当时在日本以外的强力扩张，并以惊人的速度击败了美国的竞争对手。他们的研究结论是：日本公司成功的原因是内部有很“强势”的文化，比典型的美国公司更重视产品质量（从客户角度看）和员工忠诚度。日本公司的文化，尤其是高层管理人员似乎不太在意短期财务结果，更加重视长期竞争优势。在有些地区，美国公司需要向日本学习的呼声日益高涨。

在不断变化的20世纪80年代和90年代，越来越多的公司都在探讨如何将自己的文化发展成为竞争优势的源泉。

在商业世界中，如果说曾经有过某种关于组织文化与商业成果之间关系的主导理论的话，那就是“强势文化”造就赢家的理论。从基业长青到从优秀到卓越，都强调强势文化在商业成功中的价值。在一个强势文化中，每个人似乎都自然而然地遵循着相同的行为规范。因此，正如在日本公司中所看到的那样，强势文化创造了伟大的团队合作。而且，在没有上级的指导和监督之下，文化可以更好地促进团队合作，使得组织既可以更快地行动，也可以消耗更少的管理资源。

公司文化与绩效

1979年，约翰·科特教授注意到人们对公司文化的兴趣与日俱增，便与哈佛商学院的同事詹姆斯·赫斯克特（James Heskett）教授开始了一系列研究。其引导性研究问题是：公司文化与组织十多年来的财务业绩是否存在相关性？如果是，那它们之间是什么关系？“强势文化”能否带来更好的绩效？如果否，那其他类型的文化能否带来更好的结果？如果能，你如何改变一种文化，使其成为高绩效的驱动力？

我们最后做了四项研究，其中一项涉及大约200家大中型公司。另有两项研究包括一组精心挑选的对比数据（10个行业，共有12个“优胜者”和10个“落伍者”）。最后的调查集中在11个案例研究中，这些公司成功地改变了它们的文化并在各自的行业中获胜。这项研究既有定量也有定性，包括寻找和招募专家观察员，说服公司允许我们进行访谈，以及深入一线进行调研。

这些在《企业文化与绩效》（*Corporate Culture and Performance*）一书中有详细介绍。考虑到该研究与本书的相关性，现把最有价值的发现简介如下。

第一，强势文化与衡量公司十余年财务业绩的三个指标之间有一定关系，但关系不大。强势文化非常有影响力，但我们发现，有的公司很可能拥有所谓强势但有毒的文化。在这种文化中，驱动行为和共同价值观的文化规范是强大的，但无助于提升公司的竞争力。通用汽车公司曾是这种情况的典型代表。在通用汽车公司统治汽车行业多年之后，强势文化已经在公司自上而下生根发芽，滋生出这样一些行为，如不愿倾听或不注意观察非底特律的竞争对手，行事傲慢，不重视客户或股东关注的创新。

第二，与公司战略相适应的文化往往能促进公司的财务绩效。这里的因果关系似乎很简单。在这样的公司文化中，战略更容易得到快速有效的实施。如果说公司战略是对不断变化的商业环境的明智适应，那么新的文化则加速了公司的快速适应。

但在第二种情况下，由于多种原因，公司文化与绩效的关联仍然很弱。如果公司战略不对，那么更有效地去执行一个不对的战略不可能产生好的结果。此外，商业环境可能会发生变化，需要一种与现有文化不兼容的新战略。公司文化即使能够进行改变，往往也很缓慢。外部环境的变化或公司迈向成熟过程中的变革可能会使先前契合的文化不再匹配。

有人认为优步公司最近就出现了文化与战略不匹配的问题。优步公司拥有竞争型的精英管理层和争强好胜的文化，两者在最初阶段的配合很完美，帮助公司在竞争中领先对手并获得快速扩张。但在政府监管机构处罚其出行创新并开始质疑其商业行为时，原有那套争强好胜的行为规范和价值观就开始拖累公司的业绩。此外，这种不惜一切代价争取胜利的激进文化导致很多做法突破合法边界，加上不时出现的乘客被骚扰和被欺凌等事件，监管当局只好限制或控制优步的进一步扩张。

第三，我们发现了一些罕见却明显与卓越绩效相关的公司文化。其核心是高度重视公司利益相关方的利益，尤其是客户、股东和员工的利益。这种文化支持公司经理人员和员工积极参与到任何创造新的、未被满足的需求的变革中。

这里的原因在于环境在变。公司的文化规范、从利益相关者的角度出发以及重视行胜于言，使得大多数人都在积极关注产品或服务、劳动力市场、金融市场、相关社区和政策方面的变化。无论员工处于组织中的什么层级，当他们看到利益相关者发生变化时，他们就努力调整自己以适应新的要求。因此，我们称这些赢得变革胜利的文化为“适应性”文化。在核心行为规范和价值观足够强势的公司，我们发现适应性可以带来更多的变革，却很少改变公司文化的核心要素。在某种程度上，一旦这种适应性文化建立起来，它就可以帮助一个组织适应更快速、更复杂的变化。

第四，我们发现，大多数以适应新需求或提升适应能力为目标的文化变革都不是很成功。从我们所做的有限的案例研究来看，我们尚不清楚为什么会是这样，或者为什么只有少数公司成功了。但有一点很清楚，组织的领导者非常重要。如果他把文化变革作为自己长期努力的目标，成功的机会就会大得多。如果他只是将文化变革视为众多变革项目中的一项，没有给予足够的重视并持之以恒，或者几乎完全委托给人力资源部门，则很难取得成功。

改变公司文化

在过去十多年中，我们对文化变革有了更多的认识，它是帮助组织应对更加动荡和快速变化的世界的一种手段。组织最高层领导的参与对文化变革成功至关重要，但文化变革还会涉及其他多个方面，它的模式与我们在前面描述的战略规划、数字化转型和业务重组等完全一致。

成功的文化变革的核心，通常是一群人发现了更好的机会（即他们的求兴频道被充分激活），他们想要改变自己的**行为方式**。这种文化变革不是由现有文化自然驱动所采取的新行动，甚至可能与现有文化毫不相关。一开始，这些行动挑战了现状，可能会引发其他人的求生反应。但在成功的文化变革中，这一首创行动成功地产生了大家公认的更好成果。这些成果可能是财务业绩上的，也可能是实现了一个期望触达的目标或机会。这些“胜利”得到认可、宣传和庆祝。认可、宣传和庆祝会让更多人的求兴频道被激活，并鼓舞大家采取更多明智的和必要的行动，这又会带来更多的胜利。一段时间之后，随着变革势头的增强，越来越多的人开始形成所谓的新思维模式。随着这种不断增长的势头持续积累，即不断产生更多的新行动，更多的对胜利的感知，更多的认可、宣传和庆祝，以及更多的新思维，人们的新习惯行为就会逐步形成。最终，个人习惯行为变成了群体习惯行为，从而在根本上形成公司的新文化（见图 6–1）。

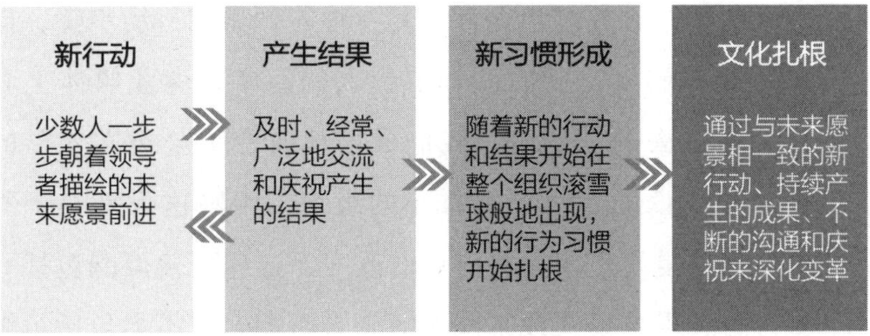

图 6-1　改变公司文化

最初，这种新的或改变了的文化仍然脆弱。如果公司能够通过新员工培训、薪酬制度和各种奖励、高管行为等不断强化新的行为规范与共同价值观，文化就会被固化下来——人们就可以明确地说，公司文化已经改变了。

如果领导者努力创造一种文化，它不仅符合公司战略和外部市场环境需要，而且能够适应公司未来的发展，那么新的行动和感知到的胜利就能够满足包括客户、员工和股东在内的所有利益相关者的需求或期望。这些行动需要来自公司各级干部和员工的参与。研究表明，只有这样做，才能最终迭代、创造出一种新文化，这种文化有助于提升组织的适应能力。

在第 2 章中，我们描述了数万年来人类进化过程中求生系统 / 求兴系统的发展。人类文化和组织文化的形成与演化在某些方面是相似的。在组织中，曾经触发我们大脑神经连接随机突变的因素，现在被有意或意外的行为改变所取代。在这种情况下，当突变或新行为创造了优势时，一个变革过程就会开启，进而带来大脑神经的新连接或新的公司文化。

由于变革过程要经历循环往复、势能积累和行动步骤，持续的文化变革确实需要时间积累。人们经常在商业媒体上看到关于“在过去的一年里，我们成功地改变了公司文化”的报道，除非谈论的是一个非常小的组织，否则这只是一个幻想——充其量是发生了一些有用的改变。这些变化可能包括一些重要行为、思维模式或某些人的个人习惯，但不会包括组织文化。

在《企业文化与绩效》的最后一项研究中，我们发现在 11 个发生重大文化变革的案例中，规模较大的公司需要花 4 年至 10 年时间才能完成文化变革：在第一年开始看到更好的结果，在第二年看到一些令人印象深刻的结果。但建立一个适应新战略的新文化需要相当长的时间，一方面新战略需要适应变化的外部环境，另一方面新战略需要更好地与新文化进行磨合。

要取得文化变革的成功，需要做什么来推动和维持变革的过程呢？最佳的成功案例表明，我们首先要回顾与认识人类天性和现代组织的特征。人类天性很容易将“新行为”视为对个人与上级的亲密关系、在同事中的地位、实现工作目标的能力的威胁等——求生频道让我们进入对抗或逃跑模式，从而拒绝改变。现代组织是为组织平稳运行、追求可靠性和效率而设计的，它也会抵抗与其不一致的“新行为”。就文化而言，除非其核心具有“适应性”（即利益相关者关注组织上下的变革和授权，允许人们根据他们看到的情况采取行动），否则文化就是组织稳定的内在而强大的保障。

那么，怎样才能克服这些变革的阻力呢？关键是需要多样化和越来越多的人参与进来，而不是由少数精心挑选的人来主导新的行动。人们主动以新的行为方式开展工作，是源自他们内心的意愿，而不是被迫。积极的行动，并非只能通过制定运营计划、预算安排和从组织高层开始。实际上，让中基层管理人员和一线员工自下而上地发挥领导力将极大地促进文化变革取得成功。变革动力往往来自一个足够强大的团队，他们不仅能看到周围发生的变化，还能看到变化带来的机会。他们不仅让自己，也让越来越多的同事培养出一种真正的紧迫感，积极行动起来去抓住这些机会。

在促进组织文化变革方面，除了前面提到的几种方法，还有一种方法可能会大有助益，那就是建立合适的衡量指标。由于文化变革需要较长时间，要让人们看到文化变革不仅是可能的，而且是正在发生的。因此，有必要寻找一些关键指标来衡量文化变革的进展。

首先，人们是否展现了你期待形成的新行为规范和价值观（符合你的新战略或新的外部现实）？如果答案是肯定的（如组织由于强调协作而使跨部门的电子邮件沟通数量大幅度增加，实现了更快的业绩增长），或者即使没有新的更好的业务成果（没有实现收入增长、获得新客户、获得更高的利润率），跨部门沟通增多也可能是衡量变革成功的一个非常重要的关键指标。

其次，我们是否开始看到跨部门沟通产生了一些与业务目标相关的成果？虽然没有形成一种全新的文化，但可能也实现了一些成果（收入增长、客户数量增加、盈利能力增长等）。一段时间之后，这些胜利是否得到了充分的庆祝和交流？你是否有办法创造传奇？

最后，新的行动是否与预期的文化变革目标一致（如产生一些新的思维模式、新的习惯行为）？

在任何重大变革的推进中，你需要了解和跟踪关键指标，它们对长期保持组织求兴发展的活跃状态至关重要。然而，它们却总是被忽视。

我们看到过很多这样的案例：公司成功地塑造了新文化，使自身更能适应外界快速的变化。然而，随着股价下跌、销售收入没有实现增长目标，或其他一些关键指标没有改善，人们就会放弃先前的努力，因为数据似乎表明他们的变革没有取得成功。我们不知道这种情况发生的比率有多高，但显然不是个别现象，这是一个非常遗憾的错误。

什么导致了文化变革的失败

如今，人们为了适应一个变化更快速的世界，越来越关注将文化作为一种适应机制来推动组织变革。我们很难准确估量人们的这种关注在多大程度上促进了文化变革成功，却能很容易找到只取得部分成功或彻底失败的案例。

这些变革失败的模式非常清楚。例如，几年前，有一家大型国际电子公司宣布，它正在通过文化变革促使公司更快行动、更快响应客户需求的变化和更具创新性。一个精心挑选的由十几名公司高管（其中许多来自人力资源部）组成的团队举行了一系列会议，并进行了一些高管访谈，以澄清他们需要什么样的公司文化。他们整理出了关于价值观或行为规范的八个方面资料。这些成果被提交给公司执行委员会批准。在经过一些微小的调整之后，报告获得了执委会的通过。

然后，他们向两个团队提供了有关公司文化的报告，一个是公司的沟通团队，另一个是人力资源团队。这两个团队制定了工作计划，将这些报告内容“逐级”地向下传达，并对各级经理人员进行新文化的“培训”。其实，这些内容并不是员工们真正渴望的文化，更谈不上如何去创造这些新文化。这些内容只是在说：这是我们的公司文化。

一开始，报告的逐级传达和培训课程几乎没有带来期待的改变。于是，他们就在各级会议和一些开放的沟通论坛上做演讲，并要求人力资源团队设计一个两小时的教育培训课程，继续给新入职的员工进行培训。

四年后的 2020 年 1 月，根据 www.comparably.com 网站上对该公司 1 350 人的调查结果，在一个 5 分制的公司文化调查评价中，员工们给公司的打分低于 3.5，属于最差的 30% 之列。

这种典型的文化变革方法存在多方面的问题。考虑到人类天性、现代组织和公司文化本身异常稳定给文化变革带来的各种障碍，这种变革方法显得太草率了。它关注于信息通报而非行为示范，关注于夸夸其谈而非扎扎实实的行动，这将永远无法维持活跃的求兴频道。文化变革本质上不是一个管理问题，而是一个领导力问题。当人们认为“不，这不是我们的文化”时，就会引发阳奉阴违的行为反应，从而降低对管理层的信任，员工的求生频道也被大大激活。如果过度活跃的求生状态持续时间太长，不仅会让人精疲力竭，还会造成诸多负面影响，形成有毒的文化，而不会带来组织的繁荣兴旺。培养员工养成一种新的行为规范，更多需要高层的以身作则、率先垂范，而非层层宣贯。

这种变革方法尽管存在多种问题，但今天的很多组织依然在使用。这主要是因为它已适应现代组织中固有的思维模式，这种思维模式依靠自上而下的传达和实施、一小群精英人士主导和各部门各司其职（如文化归属人力资源部门负责）。

如何改变根深蒂固的文化

制药行业受到的监管非常严格，重视药品质量是为了保护公众。一家知名医药公司的事业部 CEO 却意识到，公司的质量文化已经演变为一种“形式”，不再追求做对的事情并不断精益求精。

在车间员工的行为中，合规文化体现在他们完全专注于遵守规则，而不是通过创新来提高生产力，或提出更好的方法来减少废次品的批次和浪费——即使一些车间员工知道如何做到这一点，他们也不作为。这意味着，该公司既不能满足客户的需求，还会收到监管机构越来越多的警告。

首席质量官说："我们的首要任务是让各级领导者认识到情况的严重性（其中包括食品药品监督管理局可能发出的警告信），并且不能再用老办法去解决问题。"他认识到，员工们不仅需要共识，更需要共鸣。他使用了一段互联网上的视频故事，讲述了一位患者由于无法获得高质量的药品所遭受的痛苦。领导团队讨论了他们对当前形势的看法，以及目前/传统的方法是否能让他们摆脱危机。首席质量官认为，要让团队自己在讨论中认识到变革的必要性，而不是用PPT向他们提出问题和解决方案，这样可以避免过度的求生反应带来的阻力。

领导层经过多次讨论后得出结论，提高药品质量需要改变组织文化，且不能通过传统的变革项目或创新来实现。他们认为，文化变革的关键在于以一种新的方式让车间员工参与进来，要消除管理层和车间员工之间的障碍。从根本上说，他们希望让更多人主动参与进来，进行更多的创新，并愿意尝试新的、可能更好的工作方式。他们相信，当新的行动和行为展现出来并获得奖励时，组织文化就会自然改变。

让员工参与变革催生了一个新的角色：质量改善的创新负责人。担任这一角色的是来自组织各个层级的志愿者。他们创建了一个社团，利用各种技术发起了一场质量改善运动。首先是一些在车间里发声的支持者提出了很好的质量改善创意。这些质量改善创意迅速得到了试验、实施和认可。通过利用各种技术和有效的沟通策略，早期的创新贡献得到了认可和广泛传播。这些认可鼓励其他人踊跃提出变革和改进的建议，积累了积极的正能量。一位员工说："我在这里工作了 15 年，第一次感到自己的想法很有价值。"

随着这些"小小胜利"持续以创造性的方式获得认可，变革的势头得到增强。例如，一个地区业务部门设立了"每周赢家"奖项，鼓励车间员工向最高领导层提出他们的好主意。公开表扬有贡献的人和表达来自领导层的支持，鼓励越来越多的员工参与质量改善工作，从而形成了一种完全不同的新兴文化。

这一次的变革与公司过去进行的"文化变革"不同，领导者没有告诉员工他们想要什么样的文化。相反，他们在展示激发变革文化的行为和行动。首席质量官说："在一个稳定的环境中，我们的行为和行动会受到公司文化的严重影响，但改变文化要从改变行为开始，而不是相反。"

文化变革的影响不仅体现在展现新的、更有效的行为上，还体现在可衡量的绩效和质量指标上。在这些指标中，公司发现人为错误减少了 25%，事故和高风险"事件"减少了 50%。这使成本大幅下降，为公司节省了两三亿欧元。

此前，一位食品药品监督管理局的专家撰写了一则对该公司一家工厂的负面评论，但两年后，他告诉这位首席质量官，他现在感到"震惊"。他说："我今天看到的情况与之前看到的完全不同，我真的很惊讶。我从未见过质量指标能以如此快的速度得到改善。更重要的是，管理人员和员工的态度与行为在某些方面发生了根本性的变化。”这种转变是如此的引人注目，以至于食品药品监督管理局的代表询问他们是如何在全公司中复制这种成功的。

显而易见的商业文化

在本章中，我们一直在关注单个组织的文化。实际上，还有其他更广泛的文化，也许最广泛、最有名的就是民族文化。事实上，“文化”这个词今天已经成为一个流行术语，它更可能是指诸如法国文化与日本文化，而不是苹果公司文化与谷歌公司文化，更不是凯洛格公司文化与通用磨坊公司文化。

还有一种文化被称为“商业文化”。它远远超出了单个商业组织，在某些情况下甚至超越了一个国家。你可以从阅读商业报刊中最有影响力的部分，或者通过商业教育中明确或不明确的信息来做出推断。民族文化和商业文化反过来又与组织文化息息相关，因为它们确实会影响公司层面的行为规范和价值观，有时是有益的，有时则不是。

对许多公司来说，要在一个快速变化的世界中保持领先地位，就要坚守公司使“股东利益最大化”的信条。这一信条已经把财务业绩季度报告转变为日常工作，让 CEO 们面临巨大压力，被迫密切关注一系列具体的短期财务指标。即使公司高管们认为过度关注短期财务业绩对大多数股东、对客户和雇员，以及对长期的业务增长不是最好的，但这样的商业文化一直在要求公司高管采取行动去实现预期的季度财务指标，尤其是每股收益指标。

在更广泛的商业文化的推动下，公司文化已经在两个方面成为在快速变化的世界中前进的障碍而不是资产。首先，对任何试图真正改变公司文化、使其更具适应性或至少成为战略实施资产的公司来说，过于关注短期目标会让公司变革更加困难，因为文化变革需要时间。其次，高层管理人员的注意力集中在股东利益身上，常常忽视产品 / 服务市场的变化，不能及时采取必要的行动——无论是对产品 / 服务市场、劳动力市场、重要供应商，还是其他重要的关键利益相关方。

如果领导者认为公司的使命仅仅是利润和股东价值最大化，那他们就会在参与那些看似不会直接增加财务业绩的工作时犹豫不决。随着员工和客户越来越积极地参与公司事务，公司追求利润和股东价值最大化的立场越来越站不住脚。领导者正面临来自员工和客户的压力，要求他们就环境的可持续性、种族平等和经济公平、伙伴关系的选择，以及职场中人员的多样性、公平性和包容性等广泛问题公开表明立场并采取行动。

商业圆桌会议（BRT）是一个商业团体，由美国最大的200家公司的首席执行官组成，他们在2019年8月发表声明称，“股东回报最大化”的情况必须改变。他们表示，在研究了自己一直在倡导的东西后，他们得出的结论是：“股东回报最大化”不再是企业明智的使命。他们提出的观点与我们在

《企业文化与绩效》中的发现非常相似。今天，大多数人把它称为“多个利益相关者”的公司使命。

这份声明几乎得到了所有200名首席执行官的联署，在发布后的几个月里，它得到了很多的赞扬，也遭到质疑和攻击（直到新冠疫情和由此带来的经济衰退完全盖过这个商业新闻）。

那些抨击BRT提案的人认为，服务多个利益相关者会产生许多指标、没有明确的优先顺序、失去重点，以及由此带来公司整体业绩不佳。这看起来似乎有一定道理，然而，在《企业文化与绩效》的研究中，最成功的公司都没有出现这些问题。其他批评者则运用了经济学理论和亚当·斯密（Adam Smith）的观点，认为有证据表明，当人们只关注利润时，现代资本主义最有效。在后来的几篇相关文章和博客中，隐含着这样一种观点：几个世纪以来，公司文化一直专注于股东利益最大化。但事实上，这不是真的。

如果追溯到20世纪70年代，在最新一轮变革加速开始之前，几乎没有人谈论股东利益最大化。这也不是什么值得关注的商业新闻。商学院也不教授这方面内容（当时，约翰·科特教授在哈佛商学院，他确信这一点）。更广义地说，追求股东利益最大化不是当时商业文化的一部分。但在20世纪70年代和80年代，由于多方面的原因，这一切都发生了改变。

随着在二战中遭受重创的欧洲和日本的企业在国际上强势崛起，市场竞争变得日益激烈。突然之间，美国的知名企业已经很难实现持续的利润增长。20 世纪 70 年代，管理着储蓄和养老基金的新型机构投资者感受到了股市低迷的压力，他们将这种压力转移给了他们持有大量股票的公司。与此同时，整个经济学界开始极力拥护股东利益至上的观点。然后，公司把首席执行官和其他高管的薪酬与股价紧密关联起来。

这一招似乎很有效。在 20 世纪 80 年代和 90 年代的大部分时间里，按照某些指标衡量，股市表现确实更好。因此，股东至上的立场成了广义的商业文化的一部分。

但时至今日，我们有近 50 年的证据表明，在一个变化日益迅速的时代，股东利益最大化范式的一些负面后果已经显现。我们也有证据表明，除了在最初的一段时间曾经带来收入增长，这种范式甚至没有提高股市的平均回报。现在，越来越多的首席执行官（尽管具体数据还不清楚）在努力引导他们的公司沿着 BRT 倡导的总体方向前进。

我们时刻关注着，是否有足够多的 BRT 的首席执行官们会采取行动，致力于实实在在地维护多个利益相关者的利益，并取得更好的成果，交流并庆祝这些成果。他们是否会采取更多的行动，进一步优化员工的思维模式，并培养出相应的习惯行为，最终形成各自公司的文化和集体的商业文化呢？

接下来发生的事情与我们每个人都息息相关。在一个快速变化、复杂动荡的时代，没有一种文化变革方案是适合绝大多数公司或商业文化的。我们需要更多能够促进组织在快速变化和不确定时代建立求兴发展的文化。我们需要更多的组织来了解公司文化变革的新兴科学。

我们认为，聪明的公司非常清楚该怎么做。我们只是希望它们尽早采取行动，在这个过程中，帮助推动商业文化更全面的转型，这将使更多人获益。

07 第7章

创造真实价值的兼并收购

公司应对变化更快、更复杂世界的第五种方式是兼并收购。兼并收购不是通过调整战略来创造新的产品、新的营销方式或新的技术，不是试图进行大刀阔斧的数字化转型，也不是进行业务重组或文化变革，而是收购或兼并一个能够提升公司竞争力或更好地实现战略目标的公司。

过去三十多年，在一个日益复杂的世界里，随着变革的速度加快，并购活动也在加速。据合理估算，这段时期的并购交易值增长了四倍。

通常，并购是基于简单的经济评估来进行的。我们根据对商业世界运行方式的评估得出结论，公司需要快速增加收入、减少成本、提高利润率，获取特定的技术、产品或市场，以及特定的人才等。仅仅通过内部变革来实现这些目标需要付出这样或那样的代价，而且由于内部协调难度大、不确定性、在某些新领域缺乏专业知识以及官僚主义等，这个代价可能会很高。而通过以更低的成本购买这种资源或能力就比较简单，而且效果是有保证的。于是，公司就偏好采用兼并收购的方式来实现业务增长。

现在竞争日益激烈，公司需要又快又好地提升竞争力。公司早晚都需要做出改变，获得比竞争对手更强的能力、更低的成本结构和更多的专利。通过自己内生培养新的竞争力，至少需要花费两年、四年甚至更长的时间。通过并购，公司则可能只花一半或四分之一的时间就能实现这个目标。在快速变化的竞争环境中，缩短时间变得越来越重要。

这种通过并购来应对变化的方式在很大程度上依赖前面章节中描述的四种方法。也就是说，并购之后往往会制定和实施新的战略，进行一些业务重组和数字化转型，并且持续伴随着文化整合。这些涉及多领域的全方位整合常常导致并购成果不理想。

今天的并购业绩纪录

对投资银行、律师事务所、咨询公司和大多数会计师事务所来说，并购都是一笔大生意。投资银行帮助企业寻找并购对象并设定价格；咨询顾问擅长从竞争战略的角度对可能的并购对象进行分析；律师处理交易中的法务合同；大型会计师事务所主要负责指导对原本分立的业务、系统 / 政策，以及日益复杂的 IT 基础设施进行“整合”。

你如果经常阅读商业报刊就会发现，世界各地每天都发生着许多重大的并购交易。多数时候，新闻报道说这些交易做得很好。规模较小的并购活动数量更多，但很难统计。有的交易还没完成就失败了。偶尔也有一些并购交易在完成两年、四年甚至是六年之后，被认定是失败的。总的来说，大多数人认为并购成功率高，而且产生了良好的结果，这就是并购如此盛行的原因。看看一些最著名的大型科技公司就知道，它们每年可能会进行上百宗收购——它们是引人注目的明星公司。

研究并购价值的专家通常会从这些交易中得出更加重要的结论。实际上，各种各样的失败率报告显示，并购失败不是"偶尔"发生的现象。研究人员认为，超过一半的并购交易没有获得最初期待的"协同效应"。这些交易的失败率从 50% 到 70% 不等（与一些战略失败或重组失败的数据没有什么不同）。2011 年发表在《哈佛商业评论》上的一项深入研究给出的并购失败率甚至更高，在 70% 至 90% 之间。

回顾历史，并购有时是源自非常短视的交易。初看非常聪明的交易选择，其结果却并不理想。由于公司不能在快速变化的市场中适时创新（即带来成功的变革），高管团队被迫尝试并不完美但能带来短期收入增长的交易，以获得资本市场的短期追捧。

我们发现，最明显的并购交易失败主要是发生在整合阶段，一般有两种形式。

在第一种情况下，工作重点是由整合任务清单和流程驱动的，该流程与今天的战略规划和重组有许多相似之处。这一流程是由一个小团队推动，他们的心思并未完全投入其中，很少就组织和员工面临的机会进行深入沟通，而且是以管理思维、业务指标和分析为主导。为了缩短变革可能需要的更长时间，防止人们过度“焦虑”或组织起来反对决策，变革团队很少就员工关心的时间进度安排、团队不同角色的分工等进行深入沟通。当然，所有工作在不经意间造成了很多人的过度求生反应。

事实上，整合任务清单的每一项都可能激发我们的求生频道。例如，变革后的新组织结构意味着“你可能被裁员”；新的营销政策意味着“你过去十年成功的工作方式可能会被改变或淘汰，至少在一段时间内不可能按照你期望的标准工作”；新的预算和预算流程意味着“关键项目可能会被削减，制定预算的老办法可能需要改变”；新的 IT 系统将带来“难以言表的焦虑”。

在现代组织流程中，有太多的人长期处于过度的求生反应中，这使得他们在做关键决策时，不能很好利用最好的数据。大多数的员工都在担心自己的前途，而不是思考如何创建一个伟大的、新的、整合的新组织。变革工作由此难以推进。或者，关键人员被迫快速采取行动，却缺乏必要的数据或时间来做出明智的决定。

第二个整合问题是文化问题，这可能是一个更致命的问题。请看图 7–1。

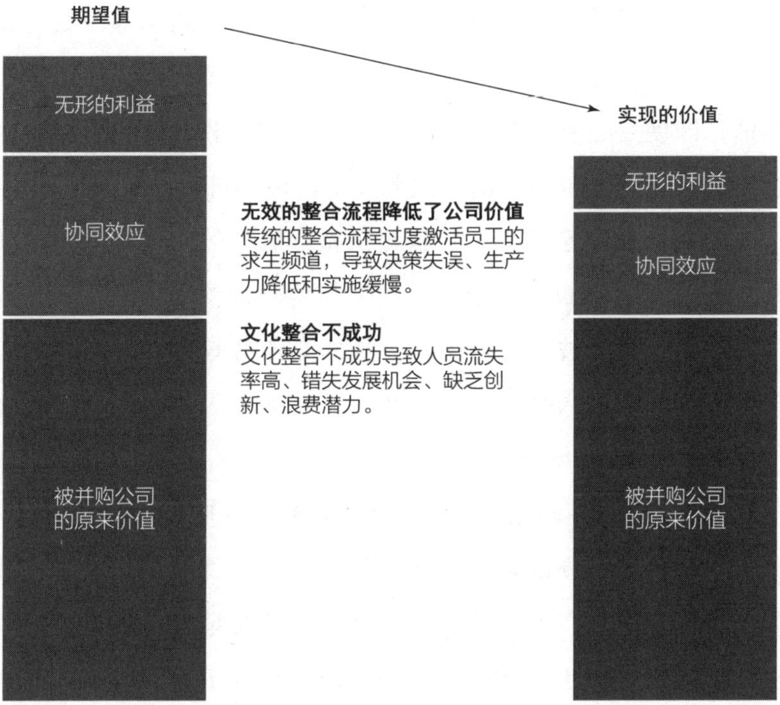

图 7-1　并购整合的挑战

并购整合：常见的错误

有这样一个案例，一家咨询公司向美国西海岸一家中型科技公司提出了一项收购计划。目标公司已经成立 15 年，拥有收购方业务增长所需的具有吸引力的大量专利。这家相对年轻的公司已经在收购方想要进入的市场上取得了一些成功，也因拥有天赋不凡的技术人员而享誉业界。

目标公司董事会以收购方报价过低为由拒绝了第一次报

价。后来，收购方在与目标公司持股比例最大的私募股权公司进行讨论后，将报价提高了35%，最终达成了收购交易。他们预估，即使是在新的收购价格下，收入增长和成本效率改善也会很快给收购方带来远高于收购成本的市场价值。

收购交易刚刚结束，一家提供整合服务的大型咨询公司就参与进来。顾问们帮助创建了一个新的联合领导小组。被收购公司的一些员工被解雇，还有一些员工自愿离开。20多名全职整合咨询顾问涌入公司办公，将一个功能极为简单、只能勉强使用的单一IT系统拼接在一起。

效率提升的其他部分来自合并办公。在收购方的推动下，公司很快确定了新战略、新的价值观以及品牌规划。这一过程带来了一些破坏，因为这些决策者并不熟悉情况，错失了一些机会。但是，由于收购明显消除了原来重复工作的成本，并利用大公司的供应链和客户准入优势，提供了足够的前期发展动力，使得此次收购在初期获得了令人满意的评价。

虽然在收购初期出现了文化冲突的迹象，但这也在预料之中。当然，并不是说文化差异大的两家公司就一定会出现严重的并购整合问题，但这两家公司的确处于不同的发展阶段，彼此的差异是显而易见的。

收购方公司历史更长，公司政策和业务流程都更加正式，这在被收购公司中的许多人看来是“官僚主义”。作为买家，规模更大、历史更悠久的公司采取的整合措施让被收购公司的员工感到颇为“霸道”。年轻公司从创立初期就拥有相当大的自主权，因为过去 15 年取得的业绩超乎投资者期望，公司一直保持着相当独立的经营。因此，在年轻公司的内部，大家对官僚作风颇有怨言，而老公司则认为年轻公司是在抵制建立必要的组织可靠性和责任性。在老公司的领导层看来，被收购公司的员工纪律有待加强。

之后，在第一个年度计划实施周期中，大家围绕目标、战略、方法甚至计划过程本身产生的争论越来越多。争论一方的大多数人来自老公司，另一方大多数人来自被收购的公司。为了避免冲突，人们在某种程度上尽可能回到原来的工作方式，和以前的同事交流，有意忽视"另一个"群体。

一开始，公司的 CEO 很有耐心，认真倾听各方意见。但时间不等人，他发现这家年轻的公司仍然（不恰当地）把自己当成一家小型初创公司来运营。因此，他开始变得严厉起来，公开指出他没法再等待六个月了。

年轻公司的许多经理和技术人员变得悲观起来。他们说不应该让自己的公司被收购，他们独特的文化正在消失或被摧毁。他们中没有一个人能够说清楚老公司是如何取得现有成就的，而且他们口中给出的解释都不太正面。

收购双方都开始感到焦虑和愤怒。大量员工陆续离职，其中一些是被迫的。那些在收购中留下来的员工也大都陷入被动抵抗的模式。在一个每天都需要创新的行业中，员工的创造力却在不断降低甚至消失。员工过度的求生反应正在扼杀他们的求兴反应。

虽然公司拥有强大的人才、技术、品牌和市场渗透力，还能够继续缓慢前进，但显然这次收购的期望大多没能实现。市场期待的真正炫酷的创新产品从未出现。股市虽然表现不错，但投资者最初期待的数十亿美元级的市值上涨，以及实施一些大规模的增长计划都没有实现。在独立发展的那些年，年轻公司赢得了几项“最佳雇主”奖，收购之后这里却变成了乏味的工作场所，给员工个人和家庭带来了巨大的压力。

总的来说，这桩收购案算不上是一场灾难，但实在是可惜了！

在现实中，这种情况并不罕见，想想戴姆勒公司和克莱斯勒公司、Nextel 和 Sprint，或者规模更小的 Nest 和 Dropcam 等知名的并购案，情况大抵如此。

整合问题与解决方案

与以往任何时候相比，如今的并购整合都会给员工带来更多的焦虑。具体而言，并购工作从始至终都会过度刺激人们大脑中的求生频道，抑制求兴频道，从而破坏成功交易带来的巨大价值。

对员工来讲，并购可能带来失业的威胁、工作的不确定性、新上司的不认可，以及未来职业发展的迷茫等，这些都将激发过度的求生反应，并抑制求兴反应。总而言之，并购整合可能会引发越来越多的业务重组问题：当公司陷入创新黑洞时，竞争者可能会趁机抓住市场和用户需求，夺走公司之前艰难获得的市场份额或发展势头。

即使是在大型的合并项目中，一些咨询公司也会迅速推进组织结构、制度、职位、政策和其他组织中的关键管理要素的整合。这些工作通常是在一个封闭的环境中进行的，员工们很少或根本没有机会参与，这不仅会给员工带来焦虑，还会错过让大家参与的机会。在大多数情况下，公司一般不会要求咨询公司参与公司文化的整合，而是自己主导文化整合，以确保公司文化的连贯性。但这未必是一件好事，因为新公司通常还是会以如今流行的方式进行整合。

或者，新公司只关注业务整合，几乎完全忽略了文化整合，并由此产生了各种问题。即使是请整合顾问推动文化整合，他们也经常会犯我们在第 6 章中列出的典型错误。总之，你会遭遇两种文化的冲突，这种冲突会减缓合并决策和实施的速度。两家公司的团队不能实现有效协作，还会导致人员流失和产能损失。

我们的研究提出的解决方案是，在签署合并协议之前，就要认识到文化整合的重要性和必要性。要把文化整合因素纳入总体的风险考虑当中，这意味着你可能需要调整一些项目。如果这种文化整合的风险是可控的，就应该立即开始文化整合，并在第一天就与其他业务整合活动一同启动。在某些情况下，你也可以先从文化整合开始，再启动业务整合。

最有效的方法已经在上一章中介绍过了。关键是要迅速采取新行动，实现更好的成果，然后是认可、交流和庆祝取得的成果，接着采取更多的行动，实现更多的成果，继续认可、交流和庆祝新的成就——这些都是在新合并的组织面临最大机会的背景下进行的，试图解决“什么是昨天不可能实现的，今天却可能实现”。然后，双方员工开启了一些新思维，这些共同的新思维有助于应对快速变化的世界。然后，买卖双方或合并双方的一些人采取更多的新行动，养成新的行为习惯。随着时间的推移，一种新的、统一的、合适的组织文化就形成了。

在我们参与的最成功的案例中，新公司在并购整合过程中一直很重视文化整合。甚至从第一天开始，工作重点就放在关键的、重要的文化整合上，又快又好地推进，而其他不那么重要的工作就放在优先事项的后面。

在最近的一次合并案中，两家公司合并成了本行业世界上最大的公司。起初，最高管理层认为，两家公司的销售团队整合会很困难。CEO 认为，如果这两支销售队伍不能迅速、良好地整合，整个合并项目都会面临巨大的风险。他从过去的经验中认识到，合并后的销售团队不仅需要实施新的制度和政策、减少冗余人员和迅速进行培训，还需要建立起强大的、高水平的团队协作文化。他和新销售团队的负责人都清楚地知道，建立这样的协作文化并不容易，至少不能很快地建立起来，因为这两支销售队伍多年来一直作为头号竞争对手互不相让。因此，他们将最初的整合工作重点放在让众多销售人员参与进来，帮助公司实施整合计划，同时把团队文化的争论暂时搁置起来。这些工作在合并交易最终确定并通过政府审查之后就立即开展了。

此案中的两家公司在过去几年各自进行了多次并购，人们对即将到来的公司合并相当不满。但CEO、COO和新的销售主管选择了一种与以往不同的方法，这种方法符合本书中描述的原则、流程、策略和新兴的变革科学。

合并后的销售团队的新主管认为，她要亲自领导这次销售团队整合，而不是由其他领导来主导。她要求新团队要团结协作，以更快的速度取得比预期更好的成果。

她让销售团队的资深领导们汇聚一堂，阐述业务的未来愿景，强调他们作为当仁不让的行业领导者所拥有的现实成就和令人激动的未来发展机会。未来愿景加上成功的可能性（即销售两家公司产品的能力，相互取长补短，增加市场份额，以及增加最赚钱产品的销售收入）极大地激发了整个团队去努力实现战略目标。

来自两个公司的员工创建了多个多样化的合作团队。每个团队都有一个工作重点。一个团队的重点是通过建立员工和领导层之间的双向对话机制，围绕增长机会提升员工们的紧迫感；专注于消除阻碍成功的干扰（诱发求生反应）因素（如整理出全体人员电子邮件列表，促进新的销售团队之间的沟通）；并增加面对面和虚拟的交流沟通机会，以便在两个团队之间增强团队意识和协作水平。

另一个团队则将营造紧迫感转化为有意义的实际行动来

证明新的团队模式是可行的、更为有效的。还有一个团队关注创新（这是企业兴旺发达的一个关键要素，在并购整合过程中经常被忽略）。这个富有创意的团队找到了利用其专长和社交网络的方法，以他们从未尝试过的方式促进最受欢迎产品的销售。在整个过程中，他们得到了领导层的许可和支持，不断进行尝试和迭代，打造了创新和协作文化的典范。还有团队聚焦于具体的实施工作，如举办新系统和产品的培训，通过培训大大减少了合并引发的怠工和生产力损失。

这些由各级员工而非高管领衔的重要举措带来了新的行动、更好的结果、更好的沟通和更恰当的庆祝文化。几个月之后，这次并购取得了前所未有的成果。新的思维模式、行为习惯、销售文化都相继涌现，跟以往的并购相比，团队以更少的阵痛在短期内获得了更多的成功。

由于销售取得的成功是通过员工之间的沟通促成的，这大大激发了公司其他团队产生更多的部门协作、新的行动、团队协作、胜利和庆祝等。虽然一些行业分析师曾预测，这个耗时一至两年的组织内部变革必然导致短期内一些市场份额的丢失，但事实是，新公司在一些关键指标上的市场份额不降反升。同时，创新活动也大大增加。当然，员工们的求生反应也不是没有带来一点破坏，但远低于预期。一位早期的怀疑者说："如果我只是阅读了公司发布的宣传文章而非亲眼所见，我永远不会相信这是真的。"

未来十年，我们预计并购活动还会增加，并购风险依然存在。我们既可以一如既往地开展兼并收购，也可以更加频繁和积极地利用我们变革研究的新知识来改进并购交易和整合流程，提高并购的成功率。

释放价值：分拆问题

并购的逻辑是基于这样一种信念：并购后的组织整体价值将大于各部分价值的总和。这种逻辑有一个推论，即在某些情况下部分之和的价值将大于整体的价值。

在 20 世纪 70 年代的某个时候，一群学者提出了这样一个观点：大型企业集团往往存在着被束缚的经济价值，因为它们的增长是通过产品和服务的增加、向新的地区市场扩张以及兼并收购而实现的。学者们认为释放被企业浪费的价值相对简单。企业只需要出售部分业务（也许包括最近收购的业务）、关闭部分业务，或分拆部分业务即可释放潜在的价值。如果操作得当，分拆之后各部分业务的市场价值之和将超过原来企业整体的价值，有时甚至会远远超过。考虑到这么多并购交易的不良结果，这种可能性也是存在的。

我们回顾历史，没有找到这种观点的具体来源。但是，在 20 世纪 80 年代和 90 年代，许多通过拆分 60 年代和 70 年代建立起来的企业集团来释放经济价值的努力在财务上都取得了很好的效果。如今，我们偶尔会看到收购方或大型机构投资者推动管理层出售 / 关闭 / 拆分部分业务，也再次验证了这一观点。我们也看到越来越多的科技（和非科技）公司分拆瘦身，以创建更敏捷、更灵活的组织。如果操作得当，这些分拆业务在股票市场上的价值之和会立刻超过原企业的整体市场价值。

在要求企业更敏捷、更创新、更快速的世界里，一个企业如果价值潜力巨大却没有得到充分利用，会变得越来越有风险。当然，在某些情况下，最好的解决办法仍然是资产剥离。这是一种明智的变革方式，让企业变得更有竞争力、更有价值，更能生产出优秀的产品和服务，或者更能增加收入和就业机会。关于被锁定的潜在价值，还有一种完全不同的方式可以用来释放创新的潜力。

在我们本章开始讨论的案例中，更好的变革想法和成功地快速实施这些想法的能力被锁住了。

在这种情况下，人的潜能、智力和利用这些巨大机会的能力被限制住了。这种限制不是通过法律手段像胶水一样把一群企业粘在一起不能动弹，而是通过畸形的官僚主义、过时的政策、陈旧的文化、自上而下的变革，以及人们的某些封闭心态压制了人们的主动性，并且很容易随着企业的成长和成熟而增强。再好的想法和快速实施这些想法的能力都无法帮助企业实现繁荣兴旺。因此，只有激活并采取正确的变革流程，才能释放企业的创造力、活力和快速实施的潜力，才能创造巨大的收益。

坦率地说，早在20世纪50年代或者至少在最近一二十年，人际关系、人力资源或员工敬业度等策略已经作为释放人和组织潜能的工具得到广泛使用，但这不是我们要讨论的重点。这里的关键不是简单地创造一个环境优美和午餐免费的愉快工作环境，或者把员工当作真正聪明和自驱的人来对待，或者是消除令人窒息的管理层级，或者组建几个跨部门工作组和创新委员会，也不是建立通常所说的“特别行动组”，或者为创新想法的实施提供物质激励。在特定情况下，有许多方法的要素可能是正确的和有用的，但这些方法尚不足以充分地释放人们的潜能。

我们所说的关键是要用一种不同于现在的方式来进行组织变革。这就是本书描述的方法，它包括一种“双元组织系统”，既聚焦于实现可靠的、始终如一的管理流程，又充分释放创新和有效变革所需的领导行为与大多数人的参与。这是一种基于对人类天性的深刻洞察的方法，可以看清大多数现代组织的本质（早期工业时代的组织难以应付快速的变化）。这项研究发现了一种新模式，即有效地动员大量的、多样化的人参与变革，因为他们的内心都渴望变革，而且他们也通过积极地发挥领导力成功地改变了企业（在第 8 章中，我们将讨论更多关于“双元系统”的内容）。

如今，很难衡量组织中有多少可以造福大众的价值被锁住了。任何有根据的猜测都会得出一个巨大的数字。

关键是，要很好地应对一个快速变化、充满不确定性的环境，我们不仅需要放弃一些交易（因为即使在理想的情况下，文化整合也需要付出大量时间，而你根本没有足够的时间来整合），还需要以更好的方式拆分业务来释放潜在的价值。

需要明确的是，我们并不是说资产剥离或分拆总是错误的选择，而是说还有另一种方式可以释放价值。我们提出的方法确实需要一些时间才能完成，但它有可能产生更好的结果。从长远来看，这种方法可以创建能够在时速 100 英里的环境中竞争并获胜的组织。在这个世界，不仅仅是规模较小、发展迅速的公司，所有公司都需要更加敏捷地应对变化。

08 第8章

敏捷方法：建立可持续、可扩展的组织

敏捷开发方法源自世纪之交的软件开发领域，最早甚至可以追溯到20世纪50年代，其目标是帮助企业适应变化更快、要求更高的世界。在我们撰写本书时，敏捷开发仍然是软件开发中常用的工具，但它已经具备了“延展性”——也就是说，从软件开发实践迁移应用到企业更广泛的管理实践中。这种带来更广泛应用的迁移与进化，类似于制造业的“质量圈”“持续改善”“六西格玛”，从生产和工厂运营的应用迁移到其他方面，类似于“设计思维”本来始于产品设计领域，而现在已经尝试用于企业各个部门和各行各业。

实际上，要理解为什么敏捷开发已经变成一种企业时尚并不难。从逻辑上讲，在一个更加不可预测和快速变化的世界中，组织当然需要更加敏捷的反应。因此，源自软件开发领域的敏捷开发迁移到组织发展领域也就顺理成章。

20世纪90年代，所有的大中型企业都拥有重要的、花钱多的 IT 职能部门，它们经历了硬件与软件的多次迭代。普遍存在的问题是，这些迭代经历极其痛苦：转型太费时间，永远完不成；变革项目经常一次次地严重超出预算。有时，想要变革就只能服输认账，不得不再来一遍。

当时，IT 转型有时看起来就像一个预算黑洞。转型工作经常类似驾车时以 15 英里每小时的龟速缓慢行进，这更加剧了组织内外部的痛苦。这些痛苦引发了对敏捷迭代的需求，并形成了敏捷开发的 4 点宣言和 12 条原则，这些共识定义了一种全新的软件开发方式，更加强调对客户需求的及时响应，而不是抱着僵化、流程驱动的项目计划不放。

敏捷开发的宣言和原则在很多方面都是合理的。例如，如果市场营销部想要使用新型的客户管理系统软件，你一定不会安排 IT 团队闭门开发数月，只在系统启动并运行后才让他们向市场营销部展示。经验表明，营销部门不仅会关心开发的时间进度，还会关心开发成本。更重要的是，他们还有自己的个性化需求和建议，如果这些需求和建议没有在项目开始时进行清晰沟通或获得认可，就会造成大量的返工。解决方案就是第 4 条敏捷开发原则："密切业务人员和软件开发人员之间的日常合作。"在这种情况下，营销人员从一开始就会加入软件开发团队，他们能够尽早地发现问题和机会，并进行及时纠正。如果一开始就充分考虑到最终用户的需求，软件开发的成功率和认同度也会大大提高。

正是因为敏捷开发在一定程度上具有合理性，以及来自商业环境要求更快、更好、更便宜地开发软件带来的巨大压力，一些敏捷开发理念被几乎所有的大公司和许多中型公司采纳。特别是在大公司，你经常会发现一两个（甚至更多）软件项目已经接近真正的敏捷迭代，并取得了令人印象深刻的成果。但即使如此，成功的模式也很少在公司中扩展成为软件开发的一般规范，更不用说在公司中形成超越软件开发领域的、能推广到全公司管理的可持续的敏捷规范了。

事实上，尽管面临着加快行动以应对更复杂世界的压力，但你如果看看敏捷开发在 21 世纪之初承受的各种压力，就知道预测和承诺与今天的现实之间的差距巨大。从新兴的变革科学角度来看，这一结果并不令人意外。

为什么当前的敏捷开发并不能创造可持续、可扩展的敏捷组织

今天的现实是，实施敏捷开发方法与组织变得敏捷并不是一回事。根本问题在于，敏捷开发原则与现代组织的基本设计是不一致的。因此，敏捷开发原则很容易被僵化、细化的管理流程所取代，从而失去这些原则本应产生的意图和成果。

例如，第 2 条敏捷开发原则是："即使是在项目开发后期，也欢迎需求的改变。"但现代组织管理的核心是计划，计划从一开始就要求做到尽善尽美，再予以实施。如果计划还没有完成就出现了新需求，就只能重做计划；当更多的新需求出现

时，再继续重做计划。新的需求带来破坏性、效率低下、令人困惑等问题，因此是不可接受的。即使在那些声称接受“快速失败”“最小可行产品”（MVP）等敏捷原则的组织中，也很少有领导者为采用敏捷工作法的团队提供强大支持。人类天性和现代组织形式对高层管理者的影响比敏捷开发的逻辑性和实用性更为强大。

当然，一个强势的领导者，一些充满热情和渴望的人是可以克服本能的、内在的组织障碍的，强制采用敏捷开发方法。但是，一旦领导者、热情者或渴望者消失，组织就会重新回到原来的状态，敏捷方法就会失去依靠。人们对新计划的细节提出质疑，有时会要求对每一个可能的意外情况做出回答。就像一个球队没有因为获得 MVP（最佳球员）而受到表扬，却会因为一个不完美的开场而受到惩罚。所有这一切都开始敲响警钟，抑制了求兴频道激活的速度与创新，而这本来是敏捷开发的目的和优势。在引入六西格玛、设计思维或其他强大的管理方法的许多努力中，也出现了类似的现象，这些方法被大量组织“采用”，达到某种巅峰状态，然后逐渐衰落，苦苦挣扎难以持续。

那么，建设可持续、可扩展的敏捷组织有没有可能？如果仍然按照当今主流的金字塔组织的运行模式进行，那就真的不可能了。但还有其他的组织形式，我们有幸找到了一种可行的方法。

双元驱动组织方法

2012 年左右，我们在研究和实践中发现，组织随着年龄的增长，往往会经历蜕变，这与企业生命周期的传统概念相似，但还是有所不同。

具体而言，刚刚创立的新公司看起来一点也不像现代组织——基本没有正式的计划、预算、精心绘制的组织结构图、考核指标和控制系统，以及正式的公司政策等。如果需要从银行贷款，或者从天使投资人那里获取投资，创业家们就会撰写一些商业计划书之类的东西，让公司看起来像一个正式的现代组织。但在实际工作中，却完全不同。

初创公司没有严格的正式组织结构。它们的运作更像松散的网络组织，没有大量的管理规范。成功的创业案例显示，创业公司有志同道合的领导者，通常是一两位创始合伙人，周围的同事都较为平等地围绕着他们。此时，公司的正式政策、制度和报告都很少。

特别是在技术领域，成功的初创公司都是按照敏捷开发原则运作的。这些公司的行动非常敏捷，随着各种活动的开展，网络组织和人们在其中的位置也定期变化。几乎每个人都在忙碌。该系统的优势在于其适应能力、快速行动能力、创新能力，以及随着知识和需求的不断变化而变化的能力。

但随着公司的成功、业务增长和规模的不断扩大，公司也越来越需要管理和控制。一开始，网络中的某个节点开始发展出不同的组织结构和流程。在一个节点或几个节点内，组织结构是分层的。这些工作流程的目的是规范管理。随后，各种制度和政策也逐渐形成。随着业务的增长，组织的管理规范越来越强势。

在所有成功的组织中，都有两个系统并行运作的时期——双元组织系统，每个系统都专注于不同的目标。最早期的公司 / 领导团队倾向于激发基于机会的求兴频道，推动创新、速度、适应性和变革。但新的科层结构将更多地与我们的求生反应联系起来，并强化效率、问题解决、可靠性和稳定性（见图 8-1）。因为组织的一部分是正式和明确的组织形式，另一部分是非正式和隐含的，所以这种双元组织系统通常不显著——它不是由不同的人员组成的两个独立的部门。大多数的管理者和员工都同时在两个组织系统中工作，通常一个作为“日常工作”（通常在正式组织中）系统，另一个作为“兼职”（通常在网络团队中）工作系统。

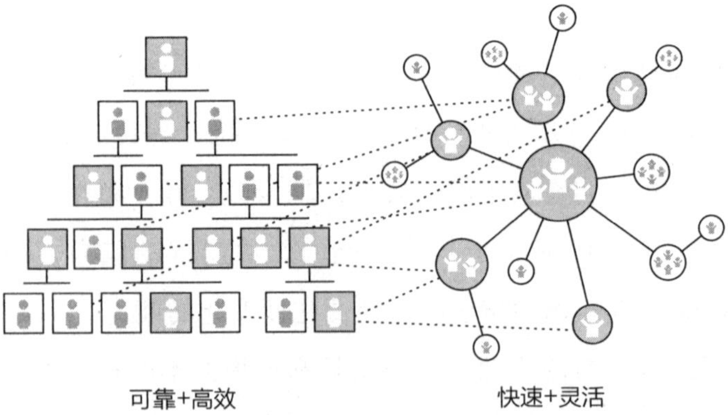

图 8-1　支持敏捷开发原则的双元组织系统

由于这两个系统非常不同，所以就自然存在固有的潜在冲突。

在某些情况下，早期的创业型网络团队限制了管理层级和管理制度的增加。他们认为过多的管理制度会限制员工的自由，破坏他们的创新能力，他们痛恨官僚主义带来的威胁。这种由早期的网络组织主导的运作模式可能会持续一段时间，直到工作低效和混乱造成的负面后果越来越大，不得不增加管理流程。

在另外一些情况下，管理者重视业务增长，规范管理主导了公司运营。他们说："我们不再是五个人在车库里工作，所以必须进行规范化管理。"但随着组织的敏捷性降低，创新和增长往往会放缓。

在我们所研究的最成功的组织中，这两个组织系统在一段时间内与各种调解冲突的机制协同工作。这有助于同一个人在非正式网络组织和正式组织中同时发挥作用。此时尚未出现我们都曾遇到过的"我们与他们"的说法，以及部门各自为政的"竖井"问题。当人们清晰认识到他们的组织需要双元系统的时候，就会带来有效的运行。例如，当高级管理人员认识到他们的工作有时是网络化项目的"支持者"时，他们就会帮助网络团队解决自身无法解决的问题。

即使在所有"成功"的公司中，随着公司的持续成长，由于生产、销售和管理带来的需求也会让管理层变得越来越强势。在某种程度上，管理流程替代创业型网络并不少见。成熟公司将会演化成为行动迟缓、笨拙的公司。

在发展缓慢的昨日世界，即使在“管理过度、领导不足”的公司，如果持续拥有强大的品牌知名度、高市场份额和规模经济、重要专利或独特的全球影响力等力量，公司也可以活得很好。公司经过一些调整，增加了类似网状的工作组来推动新项目，公司的求生反应水平是相对适度的。但在今天，对成熟的现代组织进行越来越多的局部调整已不足以创造竞争和胜利所需的敏捷性、适应性和速度了。我们需要建立起所有大型组织在其发展早期就曾经拥有的双元组织系统，即使它只存在了一段时间。

当双元系统为大家广泛接受，并融入到组织文化中时，组织就会获得可持续的敏捷性。通过双元系统创建了这样一个环境，人们可以按照预期的方式实施敏捷开发原则，从而形成一个适应性更强的组织，可以更快地完成任务。最终，组织发展并不是依赖于一个能力超群的领导者来确立新的和更好的方法，并引领战略变革、数字化转型、业务重组、文化整合或兼并收购，而是让组织拥有新的、更好的方法来适应变化，这些方法不会随着一个伟大领导者的离去而消失。当然，我们指的是这样的方法，比如，选择多样化的多数人参与变革，选择从“我得”到“我愿”，用心去思考，对威胁保持警惕，对机会保持敏锐等方法。你真的能找到这样一个更具一致性和支持性的敏捷开发原则的运营模式。例如，一个跨部门的运行良好的关系网络是符合第 4 条敏捷开发原则的：“密切业务人员和开发人员之间的日常合作。”

在这种文化环境中产生的双元组织系统，既能适度激活求生频道，又能适度激活求兴频道，这将有助于创建一个持续可靠的、高效的、快速的和敏捷的组织。

敏捷开发不仅仅是一种软件开发方法

如今，这种双元组织系统得到了广泛应用，而不仅限于软件开发领域。在保持合理的管理和组织层级的情况下，可扩展、可持续的敏捷迭代需要一个根植在整个组织中的敏捷网络组织，在每个地方都需要更多的人来发挥领导力。

我们已经看到，双元组织系统不仅提升了IT部门的敏捷性，也提升了销售团队的敏捷性；不但在高科技领域适用，在低技术领域中也适用；不只在美国适用，在全世界都有用武之地。双元系统支持在快速变化的世界中以新的和更好的方式来制定与实施战略。它可以助推业务重组、文化重塑、兼并收购和数字化转型。

在某种程度上，双元组织系统比典型的传统组织能够更好地发挥人类天性的特征。由于科层组织更善于应对眼前的威胁，网络组织更善于利用新的机会，双元系统比传统组织更容易动员全体员工，并提供一个更能发挥领导力的平台。

重要的是，一旦双元组织系统为大家所接受（也就是说，已经深入文化之中），它就既能带来短期的效率和可靠性，又能带来长期的敏捷和可持续的创新。

建立双元组织系统的案例

“这个活动已经持续七年了,”他告诉我们,“这是非同凡响的,这里的大多数人之前认为它最多只能持续一年。我们有一个鼓励员工群策群力的‘月度之星’活动,同事们之前曾经发起了一些项目、工作组,有一些项目取得了初步的成功,却未能持续太久,但这个项目却得到了长期坚持。”

他在一家有80年历史的公司中工作,该公司最初的业务是批发一些高档消费品。在成长初期,公司通过积极收购本地小型夫妻批发店,成功将自己打造为一家成长型公司。公司让这些小型批发店在一定程度上自主经营,以便更好地进行业务扩张。公司在前65年中持续缓慢发展,没有人认为它是一家技术型公司。

在过去十年中,包括数字化冲击、更好地整合收购业务、与新的在线零售商合并等各种各样的新力量促使公司加速变革。在这段时间里,公司通过采用双元系统,发起了更多的变革,采取了更快的行动,让公司在总体上变得更加敏捷而繁荣兴旺起来。

双元系统的神经中枢是“指导委员会”(guiding coalition, GC),一个协调网络团队活动并确保与科层组织协同的核心团队。2019年,指导委员会由从189名申请人中选出的60人组成。这些志愿者代表各个部门和地区,具有高度多样性、充满热情、与业务相关且积极主动。

指导委员会成员任期一年,每一年都会总结前几年的经验教训。公司高管通过参加一个为期数天的“启动”活动，展示他们对委员会的承诺和支持，并提出他们对业务状况的看法，也会提出一些建议（指导委员会可以选择采纳，也可以不采纳），这些建议可能是推动业务发展的强大战略措施。

2019年，指导委员会通过一次公开透明的头脑风暴会议，确定了近40个潜在项目：有些是关于销售和业务增长的，有些是关于运营效率改善的，有些是关于数字化或技术问题的，有些是关于组织文化和员工关系的。

他们认识到，当一组背景不同的人参与到他们共同感兴趣的项目时，网络团队的运行最为高效。因此，指导委员会的一个关键作用是将人员与项目匹配。同年，最初的项目数量缩减到14个，其中，最具活力的项目与公司的发展机会联系最为密切。最终确定有7个行动小组，每个小组约有7名成员，每个小组专注于实施两个项目。

网络团队活动的一个关键原则是，团队可自行决定如何利用每个机会。每个团队都制定了自己的目标和行动计划。为了保持活动的协调开展并帮助清除障碍，团队每月都要向主要高管进行汇报。他们每个季度见面沟通一次。他们认识到每个项目都需要庆祝和激励，所以计划在年底进行一次大型的面对面的汇报——举办庆祝活动，实质上是项目的“毕业”。

网络团队在工作中，部门之间或业务单位之间的各种观点有时会发生碰撞，但冲突程度较低。他们像一个统一团队那样工作，这在大型现代组织中并不常见。那些工作繁忙的人很少在他们主动发起的或“常规性”工作中出错。团队成员的多样化虽然带来了一些冲突，但往往也会带来创造力。上司很少会采用强势的控制或命令来叫停工作，有些上司会积极帮助网络团队克服自己无法解决的障碍。因此，在层级化、以管理为中心的组织中，有用的项目被大量地快速发现、挖掘和实施。

在网络团队运行的同时，常规的科层组织继续关注采购、销售、仓储、整合，以及每天、每周、每季度运营业务的任务。该网络团队包括60人的核心团队和数百名助手，他们被安排到特定的任务或项目中工作，帮助公司以敏捷的方式推动变革、改进和发展，进入一个不断变化的未来。

最近，一位密切参与这一双元系统的知情人告诉我们：

> 我们做得并不完美。但我认识的外部人经常问我，我们是如何做到这一点的，这看起来太好了。我思考了这个问题，认为有两点特别重要。
>
> 首先，我们寻求专家意见来帮助我们建立这个系统，因此我们能以比人们预期的更快、更好的方式去推进业务发展。指导委员会在第一年可能有30人（我们是一个较小的组织）。尽管如此，我们在第一年就成功地解决了一个多年来增长缓慢的业务问题。这一点很重要，因为它很快就赢得了很多之前持怀疑态度者的支持，并引起了公司执行委员会的注意，特别是新任首席运营官的注意。
>
> 其次，与前一个原因有关，包括首席运营官在内

的一些关键高管，一旦认识到双元系统的逻辑和力量，他们就会成为真正的支持者，当我们遇到办公室政治、官僚和人际关系方面的障碍时，他们会毫不犹豫地提供支持，清除障碍。

公司总体的业绩增长也证明我们做对了。我们增加了其他批发品牌。我们进行了更好的整合收购。我们进军数字零售业的努力正在取得成效。我们保持或增强了竞争地位。我们也成长了很多。

从个人的角度来看，在指导委员会工作过的一些人会告诉你，这是他们整个职业生涯中最好的工作或最好的成长经历。

在这个案例和我们研究过的类似案例中，人类天性和现代组织的趋势会严重阻碍形成一个有效的、持续的、可塑的敏捷组织。正式的科层体系和管理体系往往会天然地设置各种障碍。现代组织倾向于让领导团队做那些按部就班、高标准化的工作，但高度标准化的工作不能激活员工的求兴频道，释放创新的能量，推动人们行动，从而完成更多的任务，相反，却容易抑制员工的活力。

归根结底，关注这些潜在的影响因素，避免过度激发求生频道，并利用从领导变革和脑科学研究中获得的经验，努力激发人们的求兴频道，就可以创建 21 世纪的双元组织系统。在这个组织中，持续的敏捷迭代将继续以超乎想象的速度实现超乎想象的结果。

09 第9章

造福大众的社会组织变革

从更大的角度来看，更迅速和更复杂的变化还会带来另外一个严重问题。绝大多数组织除了需要适应、调整、加速并走在变化的前面之外，它们还要共同面对任何单个组织所无力应对的重大的社会威胁，包括气候灾害，难以预测的传染病，大规模毁灭性的化学武器、生物武器、核武器，以及系统性的种族主义。这些工作包括全面改善公共卫生、消除致命疾病和减轻大量人口的痛苦。

避免威胁和利用机会需要许多人共同采取行动，他们不一定是来自任何单一组织的成员。与疾病作斗争、消除贫困、应对政治运动等，所有这些都需要挑战现状，并动员来自各方面的个人和组织行动起来。

我们认为，与公司战略实施、业务重组、兼并收购以及本书讨论的其他主题不同，所有这些努力都需要全社会的参与。**尽管在细节上存在一些差异，但这些社会运动面临着许多与组**

织变革相同的潜在陷阱，并且可以从许多相似的解决方案中获得启发。

归根结底，这一切都取决于我们在一个复杂且不断变化的世界中领导变革的能力，以及我们在重重障碍面前激发求生频道和求兴频道的能力。由于面临的威胁或机会不同，以及涉及的人员和组织数量不同，复杂性肯定会有很大的不同。但在本质上，产生有意义的变革动力——问题和解决方案——是一样的，因为人类天性、现代组织是一样的，世界正在因前所未有的变化速度和不确定性变得越来越相互关联。

那么，关于组织内部变革的研究对商业界、各类团体、各类人群、各级政府等大型系统的社会变革有哪些启示呢？

事实上，启示很多。

组织研究获得的经验教训

回顾组织如何在一个变化更加迅速的世界中繁荣兴旺，我们学到三个最重要的经验教训。

首先，与一个世纪前不同的是，现代生活在许多方面都是由大型正式组织驱动的，但组织设计主要不是为了进行创新和快速变革，而是为了提高效率和可靠性。

正式组织的出现是人类历史上一个非常新的现象，实际上，智人在地球上生活的 99.99% 的时间里都没有这些组织。今天，一个小家庭或部落不再为其成员提供住房、食品、医疗保健、安全以及其他产品与服务，这些需求现在由工业革命后发展起来的许多正式组织来提供，而它们是围绕着工作内容和管理流程的科层结构进行设计的。为了利用工业革命成果和大规模生产带来的好处，以更低的价格销售更好的商品，人类发明这种正式组织是必要的。在这个组织设计中，关键目标是效率、可靠和稳定，而持续的创新、变革和敏捷则是次要的。

由于组织和国家之间的相互联系日益密切，如果没有这些组织的参与，社会变革是不可能实现的。社会变革不仅需要企业参与，还需要政府、非政府组织、基金会等参与。尽管这些组织在某些方面存在很大的差异，但所有组织都是基于超过百年的、现代的组织结构，强调标准化和稳定性，它们很容易成为变革的巨大障碍。任何一家企业变革时都可能面对几十个潜在障碍。

在社会运动中，我们谈论的不再是单一的组织。我们指的是数十个、数百个或数千个政府单位、企业和基金会，以及几十万或几百万个需要合作或以某种新的方式行动的个人。这种大规模的合作并非人类的本能需求。

因此，如果说大型社会变革所面临的挑战就像试图将落基山脉迁移到田纳西州一样，这种难度并非是夸大其词。在许多情况下，在这些极其困难的目标上取得更大进展的最大障碍是，参与其中的个人往往大大低估了这项任务所需的合作规模。

变革研究的第二个（更令人鼓舞的）经验教训是，取得真正显著的成果是可能的。

即使是天性乐观的人，一旦正确认识到如何在快速变化的世界中进行复杂的变革，他们及其组织也会为自己能够实现的超乎想象的成果而感到惊叹。这种惊叹来自于认识到多样化的多数人参与变革的必要性和潜力，以及员工们内心渴望变革——他们通过参与变革而发挥作用。

人们的求兴频道一旦被激活，他们中的许多人就会帮助激活其他人的求兴频道。他们采取新的行动，也鼓励其他人采取行动，从而取得更好的成果，然后对成果进行认可、交流和庆祝。这将有助于产生更多的行动、更多的成果和增长的势头，直到新的思维开始形成。最后，形成新的习惯、新的行为规范、价值观，以及有助于变革持续深入的新文化。

在社会变革和组织变革中，这种渐进式的积累势能的变革方式比较有效。如果人们的注意力完全聚焦在变革成功或失败上，而不是变革过程中的创造或庆祝胜利上，大规模的社会变革运动可能陷入无休止的争论而不能持续取得进展。

第三个主要经验教训是，人们完全低估了我们每个人与生俱来的求生频道的力量。

领导者、管理者和员工往往错失了他们进行变革的机会，因为他们不经意间过度激发了自己的求生频道，制造了焦虑和愤怒，给别人也给自己带来过度的压力。过度的求生反应抑制了求兴频道的激活，导致变革所需的敏捷、创新、适应受到抑制。

在社会变革中，这个问题更为尖锐，因为各种威胁往往渗透到生活的各个方面，包括个人生活和职业发展。此外，在某些情况下，威胁很大程度上可能危害人身安全，这会激发快速的、强烈的求生反应，求兴频道很容易受到压制。

真正的解决方案不是将过度激发的求生反应转向抑制求生反应，而是“在适度激发求生反应的同时充分激发求兴反应”。很多即使见多识广的人，在努力使企业兴旺发达和推动大规模社会变革时，也会落入这个陷阱。我们需要的是一个健康的和适度的激发求生频道与求兴频道的变革方式。

大范围的社会变革：看起来美好但往往令人失望

我们还没有进行足够的研究来弄清今天的大型社会变革项目的成功标准是什么，但从我们目前所了解的情况来看，即使所谓的“成功”变革案例，也常常让人感到失望。

当然，也有很多成功的变革案例。在过去几个世纪里，人类在降低婴儿和产妇死亡率、减少难以忍受的贫困、大幅提高识字率、改善生活质量以及减少暴力和战争方面取得了卓越成就。尽管如此，我们还是很容易从最近发生的大量变革案例中发现令人沮丧的结果，更令人惋惜的是，我们失去了取得更快、更好进展的机会。

有这样一个典型案例。一个由联合国某部门、一个重要的基金会、一些非政府组织和一些企业组成的联合机构，共同致力于在全球范围内消灭一种新出现的疾病。这是一种可怕的疾病，但有一种不太昂贵的疫苗可以治愈它。

联合机构的一个委员会制定了行动计划，包括明确的时间表、责任、预算以及如何完成工作的政策。这项行动是在媒体大肆宣传的情况下开展的。

甫一开始，各个参与组织之间和组织内部的官僚主义与办公室政治就卷入进来。在衡量完每个国家的进度安排之后，一些具有奉献精神的人和充足的资金投入项目之中。他们的目标是在五年内取得显著进展，十年内消除这种疾病。但是，由于这种流行病只发生在少数几个国家，病患数量下降到一定程度之后反而开始上升，显然，他们将不能在原先设定的目标期限内完成任务。

因此，项目委员会制定了一个新的计划和新的预算。一些捐款被重新分配给现有的组织和一些新的组织。提供最多资金的捐助者建立了一个治理结构更佳的管理机构来落实行动责任。这个管理机构削弱了联合机构的权力。捐助者抵制联合机构的行动赢得了胜利。

调整后，第二次的项目实施目标是在五年内消除该疾病。事实上，第一年取得了初步进展，第二年的进展较小。为什么会出现这种情况呢？不同的人给出了不同的解释。有人说，负责人从一开始就认为，在一些贫穷和饱受战争蹂躏的国家，要想解决任何问题都很困难；有人说，这项任务是可行的，但保持资金源源不断的注入至关重要；有人说，这一切都与管理和问责有关；还有一些人将矛头指向那些在他们看来根本没有能力胜任这项工作的关键人物。

到第五年年底，他们第二次没有达成目标。

令人难以置信的是，在没有达成目标、资金很快就要枯竭的情况下，捐赠机构并没有退出。它聘请了一家知名咨询公司来调查情况，并提供分析和建议。顾问进行了访谈，收集了大量数据。工作人员想方设法避免指责，并为自己的连续参与做好准备。顾问们写了一份长篇报告，建议建立一个新的管理机构——没错，它确实与捐赠机构的理念高度一致。

第三个计划是在新的治理结构和更透明的权力与责任下启动的。新的进度表显示将在三年内获得最终胜利。

但事实并非如此。

一些非常聪明的人参与其中，投入大量的资金，还掌握了一种已知可行的医疗解决方案，为什么还是不能按计划实现目标呢？

支持者说，他们取得的成就非同寻常，肯定救治了数百万患者，这难道不是胜利吗？批评者反驳说，在一个救助需求众多的世界里，这一个项目在时间（多年）和金钱（数十亿美元）上的机会成本太高啦！批评者还表示，重要的是要有可持续的解决方案。首先要阻断所有新的感染病例，因为世界是如此相互依存，哪怕一个国家的失败都会威胁到其他国家。此外，还需要一个精心设计的应急计划，以备及时应对突发事件，在突发情况规模较小且相对容易控制时就及时处理。

这些观点都被采纳了。毋庸置疑的是，以更少的资源更快地实现目标是非常必要的——不仅是在这个项目中，还有许多类似的其他项目。这些项目的关注点很窄，所投入的时间和资源却非常多，并且在实施过程中忽视了很多别的机会。

但让我们感到震惊的是，在这个项目中，用于大规模变革的基本方法与今天单个企业中的变革方法非常相似，也产生了一些类似的不必要的负面影响。

这项全球卫生项目充分利用了数据驱动的管理流程，却没有在早期让大量有志于这项工作的人加入进来，没有激发人们的求兴频道，也没有在全球最需要志愿者的地方吸引足够多的人参与进来。

与组织变革相比，社会变革或许更需要让更多人参与进来，挖掘他们与某一事业的情感联系，并激起发自内心的行动，但这个项目并没有做到这一点。因此，面对近 200 个国家正在出现的问题，管理精英没有收集到及时和足够多的信息来了解实际情况。即使有足够多的信息，他们要如何处理这些信息、做出集中决策，并成功地指导这么多地区采取行动呢？

相对而言，精心挑选的少数人必须与来自全球的数千个政府和组织打交道，但他们对所有这些组织和地区的文化、政治、历史和风俗的了解非常有限。因此，他们在做决定时会不断地遇到障碍。他们所采取的行动看似合理，却引发了狭隘的政治冲突、谣言、对未知的恐惧，然后在一些疫情严重的国家引发了过度激烈的求生反应。

集中决策也使人们无法对正在变化、发展、有用或无用的新信息做出快速反应，如当一场宣传运动没有取得预期的效果，或者当采购和供应链需要对某些新的政治现实做出反应时，他们的行动是跟不上的。

的确，他们在这项运动中取得了一些令人称道的成就。但是，如果你拥有足够聪明的人才、成熟的技术和大量的资源，即使是使用蛮力也能完成很多事情。然而，考虑到人类社会所面临的大规模挑战，采用这种简单粗暴的方法是不够的，我们需要更聪明、更快、更有效、更可持续的解决方案。

还有其他的选择吗？有，当你看到成功的变革故事时，就意味着有了新的选择。

（1）各个方面的人都被激发起来，以一种真正的紧迫感去抓住机会，因为他们真想参与其中。他们全情投入，其天性中的求兴频道被充分地激活了。

也许，激励多样化大众参与的最好案例是那些即使在面临巨大困难时，也取得了成功的政治运动。这些运动的共同点是，即使面临巨大的挑战或危机，人们也能找到激活求兴频道的方法。他们可能会使用幽默和恶作剧。或者，政治运动可能会像后种族隔离时代的南非那样，激发喜悦、归属感，并激活和维持对持续行动很有必要的积极情绪，带来令人向往的美好未来愿景。

（2）在一定程度上，管理、控制、小型的精英团体和资金也是需要的，它们既可以支持变革行动又可以防止其陷入混乱。事实上，不能有效建立管理流程（主要是管理和控制）是许多政治运动失败的关键因素。在许多情况下，社会运动所造成的真空被运动发起者不想要的东西所填满。然而，将整个组织的力量集中在管理和控制上并不是解决办法，就像前面那个越来越沮丧的群体在疫苗面前无能为力一样。

（3）由一小群人来推动变革永远不可能取得由深受鼓舞的大多数人参与的变革那样的巨大成就。组织的科层结构和理性分析既不是催生变革的导火索，也不是创造人类福祉奇迹的关键力量。

面对全球性的复杂问题，有一个案例可以让我们真正乐观地期待可能的成功，那就是努力扭转始于 20 世纪 80 年代末的臭氧层损耗行动。

1913 年，两位法国物理学家发现了臭氧“防护罩”，后来发现它可以过滤掉 97%~99% 的太阳中频紫外线，如果这些紫外线到达地球表面，可能会对人类生命造成难以弥补的伤害。1976 年，人们发现这个防护罩正在耗尽。

令人信服的可见的臭氧空洞（尽管在科学上不够精确），加上臭氧层显而易见的好处，激发了公民的自愿行动。这一行动激发了人们的紧迫感，促成了一项全球条约——《蒙特利尔议定书》（Montreal Protocol），要求在科学界尚未就臭氧层问题的严重性及其原因达成共识之前就呼吁禁止排放氯氟化碳。

在撰写本书时，臭氧空洞是自发现以来最小的。世界正在实现将臭氧层恢复到 1980 年水平的目标，这是一项巨大的成就。

由于《蒙特利尔议定书》得到了广泛采纳和执行，它被誉为“迄今为止最成功的一项国际协议”。

《蒙特利尔议定书》的成功要部分归功于利益相关方在谈判初期的参与。科学家、化学工业界和政府都参与了促成该条约的讨论。此外，通过从确定适度的目标开始，并展示早期取得的成功，让发展势头不断增强，最初的目标被多次向上调整，最终呼吁将有害化学物品的使用量减少近 100%。

这个案例说明，在组织内部创造加速的、适应性的、成功的战略变革的基本动力，也可以在组织之间创造变革。语言表达上的一些差异掩盖了这些变革的相似之处，因为在大规模的社会运动中，很少有人会提到“并购”或“可持续、灵活的敏捷”，而“文化重塑”“业务重组”“战略规划”也不是社会运动领域的核心理念。其中的“政策制定”“伙伴关系管理”或“统治结构”等术语听起来都与公司无关，但事实是，在单一组织和社会领域，挑战和解决方案都是相似的，它们在本质上都与人类系统的大规模复杂变化有关。

变革与“社会运动”

有时候，大规模的社会变革会激起一场社会运动。前文提到的许多案例都属于这一类。

从表面上看，社会运动似乎与企业战略规划、数字化转型、业务重组等方面的努力完全不同，但我们在单一组织中看到的最明显的变革努力，在很大程度上都是围绕着创建一个领导有方的社会运动来进行的。

当来自足够多的地区且足够多的人围绕着一个共同的机会要让世界变得更好，他们开始主动发挥领导力，并以一种积极的情绪投入其中，一场社会运动就开始了。如果他们专注于可见的结果，并及时地认可、交流和庆祝，变革的势头将逐渐形成。无论变革的主题是种族平权、减少地区贫困，还是某个城市报纸的数字化转型，基本流程大抵如此。

当然，在汽车制造商的大型业务重组计划和旨在改变边缘人群权利的社会运动之间还是存在显著差异的。我们想要说的是，在所有这些变革活动中，造成失败的基本错误往往是相同的，就像支持成功的基本力量也相类似一样。

社会运动和社会发展项目可以通过研究公司变革获得重要的经验教训。同样，公司也可以通过研究发展项目和社会运动学到一些有用的东西。这些学习是双向的。

例如，社会运动面临的最初挑战是要通过在足够广泛的人群中建立足够强烈的紧迫感来获得变革的动力。来自对公司变革成功的研究结果表明，最重要的是清晰描述前瞻的、积极的变革愿景。对公司而言，需要更多地关注业务重组能够实现的目标，少关注当前面临的问题。同样的原则也适用于社会运动，首先要承认当前的现实，然后专注于更美好的未来愿景。

在某种程度上，公司已经找到了如何“管理”变革的方法。这包括确保有配套的制度、流程和指标来协调各方面的工作，防止计划失控，并诚实地评估变革项目成功与否。社会运动，除了那些非常狭隘地关注某个单一的、易于衡量的目标外，都可以从公司的这些制度和指标中获益。

社会发展项目在许多方面与组织变革非常相似。我们在本书中讨论的策略同样适用，只是需要更多的利益相关者参与进来，需要更多的协调。

另一方面，研究成功的社会运动也有助于在组织变革中增加大多数人的参与感和投入度。例如，许多社会运动通过不断增强的承诺模式取得了成功。这就是你为什么会收到各种社会活动的邀请邮件，请你通过签署请愿书来表示支持。签署请愿书的小小承诺往往会导致更大的承诺，比如捐款或自愿花时间参与活动。

社会运动也擅长激发人们内心深处的情感。商界领袖也可以通过更多的发自内心的讲话激发人们的参与感。

激发领导力的社会运动

有人可能会说，从长远来看，在当今世界所需要的所有社会运动中，没有一个运动比教会人类如何更好地应对一个变化更迅速、更不确定和日益复杂的世界更重要。如果能够做好这一点，我们就可以更好地应对我们在全球面临的各种挑战，从确保获得医疗服务、食品和住房到应对气候变化，以及创造一个更加包容和公平的世界。社会运动还有很多方面需要改进，首先是如何充分发挥领导力，以及谁在发挥领导力。我们有可能喊出“百万领导者，十亿受益人”这样鼓舞人心的口号吗？

你们几乎每个人都曾经学习过领导力，因此，你们对上面这个问题的诚实回答可能是“不能”。然而，**最好的证据表明，当涉及变革时，一切都与领导力有关，这是可能且必需的。**

第三部分
PART THREE

变革与领导力

10 第10章

让更多人发挥更大的领导力

当我们反思组织在使用各种方法（包括本书中描述的最常见的方法）加速变革过程中所经历的失败和偶尔取得的巨大成功时，没有任何一个教训比缺乏领导力的教训更深刻——具体来说，没有大多数人参与发挥更大的领导力，变革就不可能取得成功。

150年来，随着组织在规模、范围和复杂性上的大幅扩张，管理形式日益复杂，从一个直观的、简单的管理流程演变为现在全世界数亿人都在从事的复杂管理工作。类似地，随着我们周围的环境变得越来越多元化，变化越来越快，组织内部需要更快行动和更加敏捷，这也更需要更多人发挥领导力。

我们所谈论的领导力革命，是指创建成功的组织和繁荣兴旺的社会需要哪些人和多少人来发挥领导力。

管理不是领导

通常，“领导”和“管理”仍然被认为与职位相关（尽管研究表明并非如此）。在过去一百多年的现代组织的框架内，只有组织高层中的少数人在发挥领导力，大量中层经理人员从事的是管理工作。这在一个静态环境中是有道理的，也是管理这个概念一直存在的原因。但在一个快速变化的世界中，繁荣兴旺的组织却不是这样的。

领导是设定方向和未来愿景，让人们围绕愿景协同一致，激励人们采取行动。领导者动员人们克服重大挑战，推动艰难的变革，在极端困难的情况下实现超乎想象的成果。相比较而言，尽管存在着组织规模、地理范围或其他的差异，管理可以被定义为一个组织结构、公司政策和行动的集合，使人员和技术系统能够可靠、高效地运行。

遗憾的是，组织、政府和其他机构陷入困境的原因之一，是对管理和领导的目的混淆不清，以及对两者之间差异的认识不足。通常的情况是，管理也称为领导，特别是当组织由高管们掌控时。大多数现代组织用一些简单的特征来描述中基层领导者应该具有的特征，如主动性、善于管理、高潜力等，这就限制了他们发挥领导力。

但是，如果你读过足够多的被历史学家公认为伟大领袖的人物传记，你就会明白，领导力是关于领导者的行为，以及他们实现了什么目标。在他们的行为中，你会发现一个清晰的模式：他们生活在一个动荡的时代，是鼓舞和激发他人的核心人物，激励他人去拥抱变革并取得成功；或者他们自己创造了一个动荡的时代，带着一个更美好的未来愿景，鼓舞或激励他人去适应变革，以实现这个愿景并取得巨大的成功。在这两种情况下，他们带来的变革是巨大的，成果也是非常积极的，以至于在他们逝世后的数个世纪仍被铭记。

下面这些故事令人叹为观止。在社会领域，人们都知道纳尔逊·曼德拉是在一个充满仇恨和恐惧的国家当选总统的。我们在研究他的行为时发现，他是一个清晰可见的充满希望、喜悦和决心的灯塔。他决心抓住机会，开始建设现代化城市，建设由黑人领导和治理的南非。他的这种积极的情绪状态在他当选之前几乎完全没有，之后却越来越强烈，取代了愤怒和焦虑。

曼德拉推动了数百项行动，其中有一些大型行动，如成立“真相与和解委员会”，也有一些看似很小、不那么重要的行动，如与南非橄榄球队的白人队长建立友谊，还有一些看起来很奇怪的行动，如他与前种族隔离领导者的遗孀共进午餐等。他所做的很多事情是为了平息南非人民心中过度的求生压力，可能还包括他自己，进而采取行动激活真正的求兴频道。他围绕共同机会做很多事情来创造紧迫感，推动变革所需的多样化的领导联盟，描绘一个全新国家的愿景，促进广泛认同的沟通，赋予更多人权力，制定行动计划，实现和庆祝一个个胜利等。

因此，各族民众都被动员起来建设新国家。许多专家曾预测这将难以避免地演变成可怕的内战，造成重大的伤亡，但实际上它却没有发生。南非人走了一条与众不同的道路，虽然今天仍然非常具有挑战性，但比许多人预测的要好得多。

通常，曼德拉的故事被看成是一个伟大领袖创造无限可能的案例。但从我们的视角来看，这是一个更加丰富多彩的故事。通过对人类天性、领导力和社会 / 组织变革障碍的直观理解，曼德拉激励人们砥砺奋发，带领国家远离曾被许多人认为难以避免的崩溃。最后，在极具挑战的环境和极短的时间内，南非发生了惊人的积极变化，取得了令人震惊的优异成绩。

在商业领域，20 世纪一个伟大故事的中心人物是与曼德拉性格迥异，但同样充满领导力魅力的托马斯·沃森（Thomas Watson）。他通过接手三家不知名的小型企业，创建了第一家真正的全球高科技公司 IBM。他通过聚焦机会，营造胜利的自豪感和同事友谊等积极的、鼓舞人心的情绪。随着时间的推移，越来越多人相信他们是在从事重要和有意义的工作。真正重要的是他们在帮助客户，帮助二战中的美国政府，帮助创造更多的教育机会，帮助建立一个鼓励人们思考的伟大公司。

在大萧条时期，沃森的经营方式与其他大多数公司形成了鲜明对比。在这段困难时期，很多公司萎缩。对很多大公司而言，裁员是常态。伴随着过度的求生反应，创新力几乎消失殆尽。与所有同行不同的是，沃森采取了与众不同的策略，即使在需求疲软的情况下，也要让工人们为生产更多新机器忙起来。他是员工关系战略的实战先驱之一，最早提供团体人寿保险（1934 年）、遗属抚恤金（1935 年）和带薪假期（1937 年）。1933 年，当许多公司在很大程度上忽视了真正的创新时，IBM 却在纽约建成了世界上最好的研发实验室之一。

1935 年，当罗斯福政府通过《社会保障法》时，政府为维护 2 600 万人的就业记录进行了招标。IBM 公司凭借极富创意的产品、充足的库存、熟练且敬业的员工队伍，轻松赢得了这一巨额合同。

在众多公司纷纷倒闭的大萧条年代，IBM 却繁荣兴旺：在销售、利润、招聘和声誉方面都取得了重大的突破。这个案例中的经验同样适用于现在的很多挑战情形。在我们撰写本书时，由于新冠疫情的大流行，在危机中寻找投资和机会的动力也在积极增长。

不能被动等待杰出领导者的拯救

我们在对曼德拉和沃森等杰出领导者的研究中获得了一些洞见，这些洞见非常有益于我们应对当今的现实挑战。但这样的研究也可能带来根本性和危险性的误导，其中隐含的信息是，杰出的、英勇的、才华横溢的、勇敢的国王、王后、总统、首相、将军或 CEO 是应对快速变化环境的关键（即是唯一的关键因素）。

这个结论说明了一些重要的事实，但它远远不是故事的全部。虽然并不是研究伟大人物的所有人都会同意，但我们认为，如果没有丘吉尔（Churchill）、马丁·路德·金（Martin Luther King）或托马斯·沃森，世界在某些重要方面的演变会有所不同。这里的重点不是说这些人是无足轻重的媒体傀儡，或者如果没有他们，其他人也会扮演同样的角色，而且同样出色。恰好相反，**这里的关键是我们不能依靠培养大量英雄人物来解决人类的问题。我们需要其他的办法。**

这种办法就是培养更多人发挥更大的领导力。

正如本书中的案例所描述的，解决方案就是让越来越多的处于组织或社会中各个岗位的人站出来发挥领导力。

在行动中让领导力涌现出来

有一家医疗产品公司，面对日益增长的全球市场发起了一场改变公司运营模式的群策群力运动，目的是通过增强全员质量观念来抓住这个市场机会。公司高层认识到，质量缺陷意味着让更多患者不能得到及时治疗。

2015 年，他们根据本书中概述的大部分变革原则展开了公司转型。他们首先组建了一个多样化的、来自公司各个层级的、对机会充满热情的员工团队。

路易斯是一位三班倒的生产线工人，他志愿申请加入这个团队。他天生的领导才能、情商和干劲立刻赢得了其他人的关注。作为一名志愿者，路易斯成了这场运动中了不起的倡导者。他与数十名同事进行了一对一的交谈，还参加了更多的集体会面，有时每周与多达 60 名车间新员工交流。作为同龄人，他能够成功缓解这项工作最初引发的许多车间工人的本能求生反应（如他们感到自己的工作现在被过度干预，没有得到上司的必要支持）。他还通过给员工们争取发言机会和在转型中发挥作用来帮助激活他们的求兴频道。

例如，路易斯召集了 92 名车间同事，集思广益地讨论可能的质量改进方法。他们提出了 269 项合理化建议，从改善管理、视觉化宣传板，到节省数十万美元并提高产量的想法。

也许，他带来的最大影响是让员工们对公司的使命和管理能力有了新的认识。路易斯在实现这一目标过程中所扮演的领导角色，可以用他所在团队一位经理的话来概括：

> 路易斯的活力照亮了整个房间，他致力于改变我们工作方式的热情感染了所有人。我们第一次见到他时，还没有与他所在部门的车间员工建立起联系，他对这项活动的热情让他很快就成为我们与员工沟通的桥梁。作为全球质量改善项目团队的一员，我们经常谈论如何让车间员工参与进来。我们一致认为，每个工厂都应该专注于寻找它们的“路易斯”或“路易斯们”。在我们的工厂，我们很高兴找到了他。

路易斯展示的这种领导力是无价的，不仅因为它在组织内部（在管理层和车间员工、部门、地区等之间）建立了桥梁，还因为它鼓舞和激发别的志愿者站出来，为实现组织的目标做出贡献。

我们看到过许多平凡人产生超乎想象的巨大影响力。例如，某能源公司的一位工会成员成功地将公司的转型机会转化为大幅提高一线员工的敬业度。他在上千人面前谈论了他们最大的机会，这个机会与公司战略的关系，以及新的工作方式如何让他们的工作和生活变得更好。他帮助员工将他们的日常工作与公司的转型联系起来，鼓励他们采取行动进行不计其数、大大小小的改进，并弥合工会成员和非工会员工之间的隔阂，这是前所未有的。

有一位曾经在变革中苦苦挣扎的员工，在将商业挑战转化为巨大机会方面发挥了重要作用。她带领一个团队进行变革，每年节省 2 000 万美元，提高了客户满意度，并在此过程中重新点燃了她对工作的热情。这个过程改变了她的职业发展，也改变了许多参与者的职业发展。

还有一位夜班工人，他通过开发最简单的解决方案让生产线的产量增加了 15%，这是工程师们从未想到过的。这一改进方案之所以可行，是因为他在 20 年的生产工作中进行了深入的观察和思考，找到了切实可行的方法。

所有这些人都以各自的方式发挥了领导力，尽管他们可能没有领导职位。通过这些工作，他们帮助组织加速实现了关键的、鼓舞人心的变革。所有人都获得了个人成就感，这是非常有意义的。他们中的许多人也因此在职业生涯中第一次获得了表彰或晋升。

创造适宜的组织环境和文化

一些读者可能会想，这些基层的领导力会不会是少有的特例，因为现代管理驱动的组织往往都不需要中层管理人员的领导力，更不用说基层员工了。

在现代组织中，这种阻碍领导力发挥的情况的确普遍存在。在许多组织中，除非你是高管，否则展示领导行为是需要勇气的，也可能被认为是异常的。但有一种解决方案可以鼓励和支持更多的人发挥领导力，我们在前面的章节中已经讨论过。

这个方案有助于创造一个环境，鼓励和提升来自各方面的人发挥领导力。它包括重塑现代组织以适应一个异常复杂和快速变化的环境。它不是要削弱现代组织的长处，而是要增加它的优势。具体而言，我们的建议是在传统的科层组织结构外增加一个有机的、动态的网络组织。这种双元系统与几乎所有成功组织在其发展早期所拥有的系统很相似。在发展早期，人们会兼顾在一种敏捷、适应性强、创业的工作团队和在一个更可靠、更有效的正式管理体系中的工作，以保证组织的日常工作正常进行。

一个运行良好的双元系统可以支持各种各样想要参与变革的人（以超乎他们职责范围的方式），他们的内心非常渴望抓住一个引人注目的机会。这个双元系统可以支持所有部门和层级的人——他们希望发挥必要的领导力，以创造紧迫感，制定和实施必要的行动计划，动员志愿者，克服各种障碍，取得胜利和庆祝胜利，持续保持变革的发展势头，并一次次地实现和深化变革。这种双元系统支持所有参与变革的人发挥领导力。

我们曾经介绍过一些组织如何一步步创建双元系统，并激发更多人发挥更大的领导力（见书后注释）。在这里，我们要补充一点，这与组织文化息息相关。

从第 6 章所述的研究开始，在随后的许多努力中，我们一直都在关注文化在促进人们发挥领导力上的重要性，这对当今更快、更复杂的变革环境至关重要。

具体来说，拥有平等重视所有利益相关者文化的公司，更关注产品市场、劳动力市场、金融市场和相关社区的变化，更有可能鼓励各个层级的领导者和员工参与变革。在这样的文化中，领导者认识到，获取更多信息的唯一方法是深入了解所有员工的观点和想法，而不仅仅靠那些被任命的变革项目领导者。

在这些组织中，最高层领导者高度重视每个人的领导力。他们通过角色塑造、认可、奖励甚至问责，强化一种有利于所有人在任何地方发挥更多领导作用的文化。组织的价值观和原则尽量简洁明了，这有助于员工了解组织对他们的真正期望。这可以大大减少员工的求生反应（如通过消除对越界的恐惧），也可以为员工提供采取主动行动的空间从而激活他们的求兴频道。

最重要的是，在双元系统下运营的组织能够减少各方面对大多数人发挥领导力的阻碍，这一点在前文中的路易斯和其他人的案例中得到了充分体现。具有适应性文化的公司更有可能激发来自各个方面人员的领导力。

舒缓过度反应的求生频道和激活休眠的求兴频道的策略

无论一个系统和组织文化是否已经做好了准备，激发更多人的领导力最终需要适度地激活人们的“求生频道和求兴频道”。求兴频道以机会为中心，以积极的情绪为导向，致力于广泛思考和利用机会采取行动，充分展现自己的领导力。过度激活的求生反应很容易关闭“求兴频道”，通常也会抑制领导力的发挥。

研究人员已经发表了大量的文章，介绍个人如何更有效地控制求生频道和激活求兴频道。总结所有这些想法不是本书的重点。下面我们将介绍一些管理个人求生频道和求兴频道的优秀策略，重点是那些能够更好地帮助领导者适度激发人们的求生频道 / 求兴频道的行动（对那些想要深入研究个人策略的读者，我们在注释中提供了大量参考资料，主要来自积极心理学领域备受推崇的思想领袖）。

由于多方面的原因，我们今天经常会发现，组织的求生频道过于活跃，而求兴频道却不够活跃。

那么，你能做些什么来改变这种状态呢？

全面评估两个频道的现状

要解决这两个频道激活程度不平衡的问题，首先要从评估当前形势开始。作为一名领导者，自我评估有助于你向他人展示自己。你首先需要反思和识别自己的求生频道与求兴频道的触发因素，进而评估自己这两个频道的当前激活水平。

虽然求生频道 / 求兴频道在我们的身体中根深蒂固，但对不同触发因素的敏感度和反应是由我们过去的经验及环境决定的。例如，组织内的角色调整可能会引发一个人严重的求生反应，但对另一个人却没有任何影响。更重要的是，一个人在经历几次成功的职业转型后，即使在第一次有过强烈的求生反应，之后也可能不会再有类似强度的求生反应。一个人想要了解自己在特定情况下的求生反应触发因素，通常需要细致地、深思熟虑地评估自己的反应和感受，以及这些反应和感受是如何影响自己发挥领导力的。

同样，评估组织的当前状态也很重要。整个组织是否有很多焦虑，或者人们是否感到兴奋并期待未来？不同部门的情况是否有所不同？在一般情况下，以及在特定的部门、独立业务单元、某个地区，什么会触发过度的求生反应？组织的背景和历史很重要，比如，公司过去在整合新的数字工具方面的成功或失败经历。管理流程和系统可以通过降低或提高求生频道雷达的灵敏度来启动它。我们将在本章后面更详细地讨论这一点。

激发自我的领导力：激活你的求兴频道与舒缓你的求生频道

要展示自己的领导力并激发他人的领导力，你必须适度激活自己的求生频道和求兴频道。

如果你的求兴频道还没有被充分激活，你可以通过思考那些真实并令人兴奋或有意义（或两者兼而有之）的机会来触发它。专注于学习和发展的机会，具体地思考你可以扮演的角色，将有助于激活求兴频道。问自己下述问题会很有帮助：如果抓住了机会，积极的、最好的结果会是什么样的？我对这个结果的感受是什么样的？我觉得自己在促成哪些变化？我前进路上最有趣、最激动人心的活动会是什么？

如果你因为陷于过度的求生反应而很难激活自己的求兴频道，那么你首先要识别并找到你的求生触发器。你可以用一些方法来做个深呼吸，让自己冷静下来，不过这对我们大多数人来说是知易行难。你要学着识别自己在什么时候会有过度紧张的求生反应。这些都有助于避免消极思维的重复出现。

你可以通过管理自己的求生频道和求兴频道，更好地识别威胁，忽略与真实危机无关的噪音，树立真实的激活榜样（并在其他人身上激发同样的真实状态），并开始对你和组织面临的机会采取有用的/必要的积极行动。

在组织中激活求兴频道与调节求生频道

想要激活一个组织的求兴频道，首先要让大家更充分地思考、交流和讨论，更多地关注机会而不是问题。即使在面临挑战、危机或传染病的情况下，也要坚持不懈地寻找机会，这就需要了解组织面临的形势。组织面临的挑战是什么？如果有不同的创新和思维，可能会出现什么情况？客户、员工、供应商或股东需要什么？如果满足了这些需要，回报是什么？

带着对这些问题的答案，去发挥你的领导力，你要与你的组织进行大量的沟通，告诉人们可能的机会。这不仅是思想的交流，更是一种触动心灵的交流，它让人们想要参与其中去利用机会，而不仅仅是专注于手头的工作。

组织中总会有一些人准备好了立即采取行动——优秀的领导者会利用这种积极的能量。他们从积极参与者那里积累发展的势能，而不是把精力过多投入在劝说反对者加入上。他们不仅给一直依靠的人提供支持，也鼓励所有人发挥领导力，包括那些之前可能被视为低绩效的人。

领导者还要认识到，仅仅阐明机会背后的理由并消除明显的行动障碍还不够。他们通过增加积极情绪体验的频率来激活求兴频道，让人们感受到兴奋、快乐，充满自豪感、使命感、激情、友爱。机会，作为一个纯粹的概念，不是求兴频道的触发因素，也不是求兴频道一旦启动就会自然诱发的因素。领导者要帮助团队成员采取行动去捕捉机会，并从学习的角度出发，阐明这些行动在把握机会中的作用。

在现代组织中，人们如果不能大幅度增加对机会的强调与充分讨论，就不能充分激活求兴频道。我们所掌握的所有证据都表明，“大幅度增加”并不是夸大其词，尤其是在历史悠久、规模更大的官僚组织中。

领导者需要大幅增加谈论机会的次数，因为企业在经历早期创业阶段的快速发展之后，人们的交流多是讨论日常的目标任务而很少涉及发展机会。成熟企业的管理者很容易忽视新机会。即使当人们认识到需要变革时，这种需要也往往被视为一种威胁，一个“燃烧的平台”。这种由恐惧驱动的动机鼓励人们采取一些初步的行动，但它也可能轻易地阻止激活求兴频道，以及通过求兴频道才能产生真正解决方案的创造力和创新精神。在没有正式授权的情况下发挥领导力总是需要勇气的，组织中的恐惧和焦虑程度越高，个人就越难主动地发挥领导力。

降低组织中诱发求生反应的噪声

现代组织的核心特征是消除不确定性并最小化风险，这会导致组织关注威胁或识别威胁，而这些威胁可能被认为是挑战现状的任何行动。

我们都看到过以下这些微妙的威胁信息：

- 改变一个不合理的政策，谁知道会惹多大的麻烦？
- 不按照上司、上司的上司或任何高层领导的要求行事，会面临处罚。
- 不能完成销售、库存控制、现金流、预算限额等指标，可能会面临严重后果。
- 开会迟到、衣着不得体或违反组织文化，将遭受惩罚。

虽然激活健康的求生反应对于发现和处理真正的威胁是必要的，但这种持续不断的焦虑会过度激活求生频道，从而关闭求兴频道。减轻求生反应需要识别出激活求生反应的触发器，包括上述的管理流程、指标和期望等。

此外，现代组织中大量的管理控制活动，使得个人难以发挥领导力并采取行动抓住最重要的机会。许多组织和员工都被计划、项目、会议、需要填写的电子表格和需要回复的电子邮件等弄得焦头烂额。如今，我们经常从首席执行官、高管、中层管理者和其他人那里听到这样一些问题：我应该停止做什么？我应该把时间聚焦在哪里？

通过求生/求兴系统的视角来看这个问题，可以提供一个有效的答案。求生频道的默认设置是关注威胁而不是机会。新的思维方式表明，要从逻辑上厘清优先重点，首先要评估真正的威胁和机会，然后明确哪里需要激活求生频道，哪里需要激活求兴频道。

请记住，你要通过解决问题的有效性和激活求生反应的能力来评估行动和计划。你要问：这一行动是否会在组织中引发求生反应？如果是，只有当你确信它正在解决某种程度的真正威胁时，才可以继续进行。此外，你要充分说明采取行动的原因和预期的结果，防止毫无根据的恐惧和焦虑。现代组织在缓解风险时往往不考虑这些策略可能会产生更多的监督和控制，如新的质量指标或增加的监管费用，从而增加员工的焦虑和恐惧，导致过度的求生反应。

要想抓住最重要的机会，你可以继续使用求生频道/求兴频道的视角来分析，如反思过时的指标，这些过时的指标会在无意中传递与抓住机会相反的消息。你可以通过谈论机会来引导沟通，更频繁地发挥领导力。你不仅可以对员工、同事和上司这样做，有时对客户和投资者也可以这样做。你要经常为那些推动组织利用机会而不是完成短期财务目标的行为点赞鼓掌。

即使拥有优秀的高级管理者，大型组织也会因规模扩张和随之而来的官僚作风，在不经意间引发员工焦虑。在高管会议中，高度重视机会变成了一股越来越小的力量，人们被过度紧张的求生频道发出的尖叫声所压倒。

虽然组织一开始有鼓舞人心的号召，要采取行动、要在变化的市场中创新和抓住机会，但当这些号召转化为具体的目标、指标、预算和需要严格控制的考核数据时，就变成了另一组焦虑触发因素。给管理层再多的战略规划报告，或者在年度管理会议上再做一次愿景演说也不能改变这一点。更多的指标压力要求人们"负责地"实施基于机会分析的计划，这除了增加人们的求生反应之外，没有任何积极的作用。人们的求兴频道以及相应的创新和寻找机会的能力，仍然不能得到充分的激发。

组织在把鼓舞人心的机会变为现实的过程中会遭遇许多挑战，而所谓的"中层管理者"问题似乎加剧着矛盾。变革从高层发动后，感觉上在往下走两三层时所遇到的抵制，比组织一线要大得多。因此，倍感沮丧的人们经常会用"挡道顽石"或其他一些不好听的话来指责中层。这些夹在高层和一线之间的中层管理者，有时甚至会被妖魔化。

但其实这些中层跟他们上下层级的其他人也没太多分别，大概只是比上级多一些潜力、比下属多几年经验而已。其实这些中层只不过是一直都暴露在太多噪声所激活的求生焦虑的状态中，噪声来自管理体系、来自上司、来自外部压力诸方的指指点点——“这也是问题，那也是问题”，日复一日。另外，还有那些来自管理矩阵别处的噪声，如律师、品控或者人力合规人员所带来的各种障碍、各种坏消息，也持续不断地加载到中层身上。再想想，还是这些中层，深陷公司政治沼泽，被上司或下属争抢着注意力和时间。还是他们，每次跟上司开会都被负面评语所终结，都要承受着老板的拼死一搏的扎心演说。想想，你要是这些中层会怎样？

这样设身处地之后，我们就能看到所谓的“中层管理者”问题，其实不是本质也并非无解，是可以通过透彻理解什么是导致他们求生频道被激发的那些特定情境与触发因素，从而在很大程度上缓解乃至消除的。归根结底，唯一的办法就是要让容易过热的求生频道冷静下来，并调大那个更洪亮的、更一致的唤醒求兴雷达的声音——这也是杰出的领导者们最该做、最常做的，不管他们身处组织的哪个层级。

通过庆祝进步来激活组织的求兴频道

领导者对机会的关注和对美好未来的憧憬可以激活人们的求兴频道。人们有了稳定的积极情绪及其带来的身体上的化学反应，就可以让求兴状态维持相当长的一段时间。

在 20 世纪几乎所有伟大的领导变革案例中，积极情绪都发挥了重要作用。

在这些变革案例中，人们一次又一次地发现，领导者不仅描绘出了在理智上和情感上都令人信服的机会，还以身作则、躬身入局。他们言行一致，关注激动人心的未来愿景，激发积极的情绪。尽管存在很多障碍，领导者还是要把大家动员起来，迅速开展一些有意义的事情，将组织带入更美好的未来。大家庆祝每一次取得的胜利。接连不断的胜利，足以振奋人们的精神，令更多的人主动加入到这场运动中来（见图 10-1）。

进行评估，找出阻碍你发挥更大领导力的障碍

列出你个人的求生频道和求兴频道的触发因素；评估你当前的激活层级。分析组织的当前状态和最常见的触发因素。

对自己，激活求兴频道 + 舒缓求生频道

找到个人的使命、意义和机会，知道在什么时候你的个人触发因素会发挥作用，想办法阻止负向循环。

在组织中，激活求兴频道 + 调节求生频道

大幅度增加人际沟通，强调发展机会。从组织中的每个人身上激发出积极参与、充满激情的力量。

减少干扰

消除无意中触发求生频道并夺走发展机会的消息、流程和制度。允许自己（和他人）说不，并停止做那些不创造新价值的活动。

激发求兴频道，庆祝变革取得的胜利

不要等到取得最终的“胜利”才表达认可并进行庆祝。要持续培养激发求兴频道带来的积极情绪。

图 10-1 鼓励更多人发挥更大的领导力：舒缓过度的求生频道 + 激活休眠的求兴频道

关键是，领导者要坚定不移地持续关注机会，让人们尽可能多地参与到变革项目中来，鼓励他们采取行动，积极支持他们推进工作，减少干扰，并庆祝一路上取得的胜利。

当你把这些都做好的同时，还要为实现那些超乎想象的结果做好准备。这些准备是必要的。

11 第11章

新常态

在我们撰写本书时，新冠疫情正在全球蔓延，并影响着数十亿人的生活。这至少是过去50年中，我们第一次面临的一场波及全球并直接影响到每个国家和每个人的危机。

在大多数情况下，瘟疫被视为偶发性的，社会和民众需要经受住考验才能恢复到危机前的状态。在访谈一家欧洲公司的美国业务负责人时，她的观点引起了我们的注意。她说："我有一个问题，实际上，新冠疫情帮助我们找到了一些比疫情前更好的新方法。我不想在新冠疫情结束后就放弃这些新方法。那么，我们该怎么做呢？"

她的问题提示我们，在新冠疫情大流行中，我们可以从疫情的三个发展阶段考虑这个问题：在新冠疫情暴发之前，暴发期间，暴发之后。疫情结束之后，一切可能恢复到一个更好的"新常态"。这是正确面对新冠疫情的一个非常好的视角，尤其是在保持新冠疫情给我们带来的积极改变方面，希望我们能从这场危机中吸取更为重要的教训。

危机带来的教训

当前，新冠疫情给个人和组织带来了高度的不确定性，它带给我们的教训是**快速而复杂的变化正在成为一种新常态**。虽然我们今天的经历可能感觉像是短时的星系位移，持续一两年就会回到某种稳定状态，但实际上，目前的危机只是我们经历过的不确定持续增加的一个极端表现。在新冠疫情流行前，我们在本书中所介绍的世界不确定性指数，清楚地显示出急剧上升的趋势。

如果你以更长的时间维度来回望历史，你会看到这种不确定性、速度与波动一直都在持续发展中。当然，程度是不断递增的，它们存在已经至少有 1.5 万年了，其中近 150~200 年的激烈度更高一些，而到了最近 40 年，则表现得相当剧烈。这主要是由不断发展的（现在有时是爆炸性的）技术和全球化推动的。在数字化转型一章中，我们看到相比于工业时代，信息时代的发展速度更加迅猛。除了速度，变化的领域也更加广泛，涵盖了我们的职业和个人生活。这场新冠疫情限制了我们的出行和面对面的互动，提升并加速了我们生活中全方位的数字化进程。

要准确地预测 50 年、5 年甚至 1 年后的经济、卫生、政治和其他方面的发展趋势是不可能的。尽管专家们经常在事件发生后追踪因果关系，但预测未来事件的发展要困难得多。20 世纪 90 年代的苏联解体、2008 年的金融危机等事件在事后看来都是难以避免的，但其实没有多少人能提前预测到。

特别是基于过去几百年的证据，我们可以预见的是，我们将继续看到更多的意外事件，包括威胁（有时是巨大的威胁）和机会（有时是巨大的机会）。随着当今世界的联系日益密切，我们可以肯定，这些事件将越来越多地对全球产生直接和间接的影响，而不仅仅限于一个国家或一个地区。

更多的现实变化与我们作为人类和组织寻求稳定的倾向之间存在着不匹配的巨大鸿沟——最根本的是，我们需要进一步发展和利用新兴的变革科学，否则我们将面临危险。好消息是，这门科学以及为我们提供的新的战略规划、数字化转型、业务重组等方法是可行的、可习得的，并且已经在全球产生了惊人的成果。

以对人类天性的更深理解来应对日益增长的不确定性和复杂性

最近几百年，人类社会的进步让全球大多数人不再面对经常性的生存威胁。然而，这种社会进步对我们的地位、自我和声誉却带来了更多的威胁，我们的大脑难以将这些威胁与身体被攻击的威胁区分开来。在当今世界，让我们在真正危险的情况下保持高度警惕的求生进化机制一直在给很多人带来焦虑。股价下跌、种族关系紧张、飓风和森林大火，以及致命的病毒都被视为令人痛苦的威胁。

在这种环境中，我们无疑将会面对威胁的噪声过度刺激求生频道的风险，这种风险很可能会不断增加，进而关闭或抑制基于机会的求兴频道。在我们需要更加活跃的求兴频道来激发好奇心及创新所需的心智 / 情感状态时，过度求生反应尤其会带来麻烦。

当然，形势也并非令人绝望，潜在的负面后果也非不可避免。**脑科学为我们提供了许多关于如何避免这些问题以及抓住更多变化给我们带来的机会的洞见。**我们有足够多的案例来说明，当求生频道 / 求兴频道适当发挥作用时所能取得的超乎想象的成果，以及人们是如何做到这一点的，本书也分享了其中的一些案例。虽然我们的研究重点一直是组织，但许多经验教训也适用于个人如何在自己及职业发展中推动持久和有益的变化。

重塑现代组织

我们已经知道，现代组织在许多情况下可以成为加速变革、明智变革和必要变革的支柱。一些具有前瞻性的领导者和企业家，主要是年轻的科技公司，已经认识到现代组织的基本设计不再适应当今组织对速度和敏捷的需要。这些公司开始尝试新的组织结构和新的操作系统。

对这些组织来说，在其生命周期的早期，它们认为厌恶风险、渐进式变革和缺乏创新往往是正式组织的流程和制度带来的，与它们的创业精神背道而驰。正式组织的指挥和控制不符合它们的价值观，也不符合经营一家快速增长的公司的实际情况。然而，越来越清楚的是，全盘否定现代组织系统并不是解决这一问题的正确办法。随着组织规模和复杂性的增加，需要稳健可靠的管理体系。正如我们在前面几章中所讨论的，**解决方案是建立在稳固的科层组织结构和不断变化的网络组织基础上的组织结构与操作系统。**

今天，绝大多数人从未见过这样的双元系统和适应性文化，它们可以将现代组织转变成类似更敏捷的赛车，却不会牺牲家用轿车的可靠性和稳定性。

可以肯定的是，在即将到来的新常态中，组织的典型形式将会发生改变。现在的问题是：组织如何更快、更主动地进行改变？

培养更多人拥有更大的领导力，以推动必要的变革

可以肯定的是，组织对人际协作和团队合作的需求日益增长，将激发越来越多的人发挥重要的领导力，从而创造非凡成就。员工的角色和工作职能变得更加专业化，对组织协同的需求也增多了。在21世纪充满活力的市场中，组织高层的少

数领导者不再拥有对各种活动做出正确决策所需的全部信息或技能。

在具体操作上，这意味着需要有更多的人主动去关注市场、技术、资本、劳动力等方面发生的有意义的变化；更多的人参与树立一种应对威胁和抓住机会的巨大紧迫感；更多地与他人合作，引导变革；更好地明确方向，制定大大小小的战略性举措，朝着决定的方向前进；在快速变化和动荡的环境中，更多地帮助组织应对巨大的沟通挑战；更多的人站出来，志愿负担本职工作以外的工作，清除变革障碍，让更多人也能参与变革；在尽可能短的时间内取得更多新的和更好的成果，以建立信誉和保持发展势头；更多的人帮助留意那些倾向于过早宣布胜利的苗头；更多地看到新兴的变革理论提供的方法，用来实现和维持新的运作方式。

在具体操作上，这也意味着需要更多的人接受领导变革的新兴科学原则，本书中所有精彩的案例都使用了这些原则：不仅需要发挥关键的少数人的作用，还需要激发更多人参与变革；在吸引人们加入的过程中，需要将“我得”变革转化为“我愿”变革；不仅要发挥人的思考的力量，还要激发人的心灵的力量；变革实施不仅要发挥正式的科层组织和管理流程的作用，还要更多发挥非正式的网络组织和领导力的作用。

最高管理层最重要的任务之一是创造越来越多的条件，鼓励来自各个层级、各方面的领导者，帮助实现组织内员工角色的转变。例如，在硅谷的大多数公司中，扁平的组织结构鼓励更多的人将明确目标、发挥主动性和领导力视为他们工作的一部分。

对新一代员工的期待，我们已经写了很多。显然，对许多千禧一代来说，领导力的概念与前几代人大不相同。过去20年中，商业领导者的典范是要更多地展现包容、好奇心和灵活性，而不是自负、绝对正确和强大的魅力。这对分布式领导来说是一个好消息，而分布式领导是组织快速行动和快速转向的必要条件。

另一个让我们对培养更多领导者感到鼓舞的原因是，恰当使用技术工具可以极大地促进人们以各种方式发挥领导力，为成功变革做出更多贡献。

如果能够做到这些，将给组织带来多大的变化、多快的速度，以及各个部门和地区之间的变革有多协调呢？这同样很难预测，但可以肯定的是，**那些使用变革科学和切实努力的先行者将创造出显著的竞争优势。**

关于变革风险

在应对日益复杂和快速变化的过程中，即使是一个中型组织的成功或失败，都可能影响成千上万人的生活。这其中包括员工，也包括高管、客户、股东、供应商等利益相关者。数十年来，高端产品和低端产品之间的差距一直在扩大，而且这种差距肯定会持续扩大，至少会持续一段时间。对全球成千上万个大型组织来说，它们能以超乎想象的积极方式或令人不安的消极方式影响无数人。

我们不需要等到50年或上百年那么久，才能看到因为我们的不同选择而带来的迥异后果。对某一家公司来说，只看五年，应对变革的优劣就可能显露无遗，是创造还是糟蹋了数十亿美元的财富，是增加了还是减少了数千个工作岗位，几十种产品与服务是给数万或数百万客户提供了价值还是毫无意义，都会显现出来。有时甚至不需要五年那么长，你的决策失误就可能导致小镇上的一家大型工厂关闭，给全镇所有人都造成严重伤害。还可能更短，只需要一两年，你所做出的明智选择可能意味经理人员和一线员工因此找到了生活的意义，或者你的糟糕决策会让他们遭受痛苦和压力，严重透支着健康。而对一个组织的负责人来说，正确的选择在经过了五年后，可能意味着一份退休后让你终生自豪的遗泽；或者正好相反。

除了单个组织之外，我们作为共同体应对快速、复杂变化的集体能力和本领肯定会在未来数十年内经受考验。无论是应对气候变化、技术和人工智能进步对劳动力市场的冲击、金融危机，还是重新思考面对全球传染病和其他公共卫生威胁时我们的工作、生活方式，我们如何正确应对未来更多的变化将会产生超乎想象的结果。

总而言之，几个世纪以来，人类在地球上的生活一直在向好发展。人们的预期寿命、婴儿死亡率和暴力死亡的统计数据都证明了这一点。本书的目的是希望启发人们，根据新兴的变革科学来采取行动，不仅能够应对快速的变化，还能够加快变革的速度和提高变革的成功率。我们也希望人们能以不同的方式看待领导力：领导力不是少数拥有独特魅力者的专利，而是我们每个人都可以在某些方面发挥作用的一系列行为。

在第1章中，我们曾说过，我们的期望是通过本书激励你去起而行之——领导变革。是的，我们真诚、迫切、热情地希望你尽快行动起来，带领组织在一个快速变化的世界中繁荣发展。

注 释

想要更深入地探究书中提到的研究、历史或案例的读者，可以查看我们所列出的以下注释。

前言

● 前言中描述的大部分研究项目的书籍清单可以在“www.kotterinc.com/research-and-perspectives”的 bookshelf 中找到。

第 1 章 快速变化世界中的威胁与机会

● 数据显示，在很多领域都发现，许多强大的力量正在发生越来越快的改变。有兴趣探究其发生本质的读者可参阅约翰·科特的《变革加速器》(*Accelerate*)(Boston: Harvard Business School Publishing, 2014)第 1 章的图表。

第 2 章 变革的新兴科学

● 如果你对求生 / 求兴系统的基础知识感兴趣，可从 Hazy 和 Boyatzis 的研究 *Emotional contagion and proto-organizing in human interaction dynamics*［*Frontiers in Psychology*(2015)6:806］中找到相关信息。

● 关于这些概念背后值得一读的神经科学资料，请参阅 Robert Sapolosky 的优秀著作 *Behave*（London: Penguin Random House UK, 2018）中的附录 1。

● 关于德鲁克的资料，请参阅《公司的概念》(*The Concept of*

the Corporation)(New York: John Day Company, 1946)中关于通用汽车的开创性研究。

● 普利策奖得主、商业历史学家阿尔弗雷德·钱德勒为我们认识现代组织的兴起提供了很大的帮助。请参阅《看得见的手：美国企业的管理革命》(*The Visible Hand: The Managerial Revolution in American Business*)(Cambridge, Mass.: Belknap Press,1977)。

● 使命型组织的变革活动的早期研究案例，请参阅：Fritz Roethlisberger 和 W. J. Dickson 的著作 *Management and the Worker* (Cambridge, Mass.: Harvard University Press, 1939) 中关于 Western Electric Company 在芝加哥的霍桑工厂的研究；保罗·劳伦斯的著作 *The Changing of Organizational Behavior Patterns* (Cambridge, Mass.: Harvard University Press, 1958) 中关于 Stop & Shop Supermarket 公司的研究。

● 对组织变革失败原因的研究，在约翰·科特的著作《领导变革》(*Leading Change*)(Boston: Harvard Business Review Press, 1996)中有详细报道。

● 不熟悉松下幸之助的读者，可以从约翰·科特的 *Matsushita Leadership* (New York: Free Press, 1998) 一书中了解到这位非凡企业家创建松下电器公司的故事。

● 关于双元系统，在《变革加速器》(*Accelerate: Building Strategic Agility for a Faster-Moving World*)(Boston: Harvard Business School Publishing, 2014)一书中进行了详细讨论。

第3章　能实现目标的战略规划

● 引用的波士顿咨询公司的内容出自沃尔特·基希勒的 *The Lords of Strategy* (Boston: Harvard Business Review Press, 2010)。

● 有关战略的原创思想和更多的相关信息，请参阅迈克尔·波特的《竞争战略》(*Competitive Strategy*)(New York: Free Press, 1980)，以及布鲁斯·亨德森的《公司战略》(*On Corporate Strategy*)(New York: Harper Collins, 1979)。

● 约翰·科特和丹·科恩的《变革之心》(*The Heart of Change*)(Boston: Harvard Business Review Press, 2012)一书详细介绍了对 100 项重大变革的研究。研究表明，变革成功的关键不在于完整的数据和分析。

第 4 章 让数字化转型成功落地

● 关于数字化转型常见陷阱的更多内容，请参阅《哈佛商业评论》的相关文章，包括：Thomas H. Davenport 和 George Westerman 撰写的 *Why So Many High-Profile Digital Transformations Fail* (March 2018)；Mike Sutcliff、Raghav Narsalay 和 Aarohi Sen 撰写的 *The Two Big Reasons That Digital Transformations Fail* (October 2019)；Rite Gunther McGrath 和 Ryan McManus 撰写的 *Discovery-Driven Digital Transformation* (May-June 2020)。

● 有关百思买的数字化转型的更多信息，请参阅其 2012 年 11 月的投资者演示报告(https://corporate. bestbuy. com/wp-content/uploads/BestBuy_Web_FINAL.pdf)。

● 想要了解更多关于 GE 的数字化转型的信息，请参阅 2019 年由 Lisa Duke 在 St é phane J. G. Girod 指导下编写的 IMD 案例研究 *Digital Transformation at GE: Shifting Minds for Agility*。

● 有关"数据问题"的更多信息，请参阅约翰·科特关于该主题的白皮书(kotterinc.com/research- and-perspectives/the-problem-with-data/)。

● 关于大数据缺陷的另一个有趣观点，请参阅 Cathy O'Neil 的著

作 *Weapons of Math Destruction*: *How Big Data Increases Inequality and Threatens Democracy*（New York: Crown Publishers, 2016）。

第 5 章　兼顾创新和未来的重组

● 有关裁员统计数据研究的更多信息，请参阅 Art Budros 的文章 *The New Capitalism and Organizational Rationality*: *The Adoption of Downsizing Programs*, 1979–1994 [*Social Forces*（No 1, 1997）76: 229–249]，以及麦肯锡全球研究所 2011 年 6 月发表的 *An Economy That Works*: *Job Creating and America's Future*。

● 有关 S&P Capital IQ 和 Bruce Henderson Institute 分析的更多信息，请参阅 Reeves 等人的文章 *The Truth about Corporate Transformation*（*MIT Sloan Management Review*, January 31, 2018, http://mitsmr.com/2DQSmF4）。

第 6 章　变革文化以提升组织适应性

● 关于伟大的文化人类学的近代史和开拓这一领域的勇敢科学家，请参阅 Charles King 的著作 *Gods of the Upper Air*: *How a Circle of Renegade Anthropologists Reinvented Race, Sex*, *and Gender in the Twentieth Century*（New York: Doubleday, 2019）。

● 要了解更多关于组织文化最初是如何在商业界中被广泛讨论的，请参阅 Terrence Deal 和 Allan Kennedy 的畅销书 *Corporate Cultures*: *The Rites and Rituals of Corporate Life*（Cambridge, Mass.: Perseus Books, 1982）。

● Richard Pascale 和 Anthony Athos 的 *The Art of Japanese Management*（New York: Simon and Schuster, 1981）是第一本研究日本公司和文化的经典著作。

● 约翰·科特和詹姆斯·赫斯克特的《企业文化与绩效》（*Corporate Culture and Performance*）（New York: Free Press, 1992）详细描述了本章中的文化与绩效研究。

● 商业圆桌会议关于公司宗旨的声明全文请参阅：https://opportunity.businessroundtable.org/ourcommitment/。

第7章　创造真实价值的兼并收购

● 为成功并购寻找经过充分研究的评估比我们预期的要困难得多。失败率的估计范围很大，从50%到90%不等。有兴趣的读者可参阅Anup Agrawal和Jeffrey Jaffe的*The Post-Merger Performance Puzzle* [*Advances in Mergers and Acquisitions*（2000）1:119–156]，以及Clayton Christensen等人的*The Big Idea: The New M&A Playbook*（*Harvard Business Review*, March 2011）。有关各种估计的完整摘要，请参阅Godfred Koi-Akrofi的*Mergers and Acquisitions Failure Rates and Perspectives on Why They Fail* [*International Journal of Innovation and Applied Studies*（July 2016）17:150–158]。

● 在本章中，我们提到了戴姆勒–克莱斯勒合并案，该案因文化差异而严重阻碍整合。想要了解更多关于"对等合并"是如何进行的，请参阅Bill Vlasic和Bradly Stertz的著作*Taken for a Ride: How Daimler-Benz Drove off with Chrysler*（New York: Harper Collins, 2000）。

第8章　敏捷方法：建立可持续、可扩展的组织

● 想要了解《敏捷宣言》背后发生的更多故事，请参阅Caroline Nimbs Nyce的*The Winter Getaway that Turned the Software World Upside Down*（*Atlantic*, December 8, 2017）。

● 想要了解《敏捷宣言》的原始版本、原则和作者，请访问：http://agilemanifesto.org/。

● 想要了解双元系统的运行情况，请参阅约翰·科特和霍尔格·拉斯格博的著作《好团队激活个人》（*That's Not How We Do It Here*!）（New York: Portfolio/Penguin, 2016）。

第9章　造福大众的社会组织变革

● 更多关于Otpor运动和其他社会运动所使用的策略，请参阅Srdja Popovic的*Blueprint for Revolution*（New York: Spiegel & Grau, 2015）。

● 关于《蒙特利尔议定书》成功的案例研究，请参阅Frederike Albrecht和Charles F. Parker的*Healing the Ozone Layer*: *The Montreal Protocol and the Lessons and Limits of a Global Governance Success Story*，Mallory Compton和Paul Hart的*Great Policy Successes*（Oxford University Press, 2019），以及Lisa Schaefer的*The Montreal Protocol*（*Centre for Public Impact*，September 3, 2019, https://www.centreforpublicimpactorg/case-study/the-montreal-protocol/）。

第10章　让更多人发挥更大的领导力

● 关于纳尔逊·曼德拉及其领导力的好书实在不少。关于曼德拉作为一个人和一个领导者的真知灼见，请参阅他的自传《漫漫自由路：曼德拉自传》（*A Long Walk to Freedom*）(Boston: Little, Brown and Company, 1994)。关于曼德拉在1995年橄榄球世界杯期间看似简单的行为如何改变一个国家进程的故事，请参阅John Carlin的*Playing the Enemy*: *Nelson Mandela and the Game That Made a Nation*（London: Penguin Press HC, 2008）。

● 有关 Watson 和 IBM 公司的更多信息，请参阅 Kevin Money 的 *The Maverick and His Machines*（Hoboken, N.J.: John Wiley & Sons, 2003）。

● 想了解约翰·科特博士关于领导和管理之间差异的第一部著作，请参阅《变革的力量》（*Force for Change: How Leadership Differs from Management*）（New York: Free Press, 1990）。

● 想要了解创意的产生与扩散，请参阅埃弗雷特·罗杰斯的作品《创新的扩散》（第 5 版）（*Diffusion of Innovations*）（New York: Free Press, 2003）。

● 有关创造心理安全和鼓励建设性失败的更多信息，请参阅 Amy Edmondson 的 *Teaming: How Organizations Learn, Innovate, and Compete in the Knowledge Economy*（Hoboken, N. J.: John Wiley & Sons, 2012）。

心理学和神经科学的参考资料

许多研究人员撰写了缓解求生频道（主要在心理焦虑研究领域）和激活求兴频道的各种方法。以下是我们在工作中发现的最有用的一些工具精选列表。

● Barbara L. Fredrickson 可能是积极心理学领域最著名的研究者。想要了解更多关于她的拓展–构建理论（该理论强调了积极和消极情绪的影响，以及积极情绪的巨大力量），请参阅她的文章 *The role of positive emotions in positive psychology: The broaden-and-build theory of positive emotions* [*American Psychologist*（No. 3, 2001）56: 218–226, https://doi.org/10. 1037/0003–066X. 56. 3. 218]。

● 越来越多的公司将“正念”视为员工的一项关键技能。Ellen

Langer 写了大量关于“正念”及其商业价值的文章。想要了解更多信息，请访问：https://www.strategy-business.com/article/00310?gko=ddca6。

● 有关神经科学与帮助员工增强对工作的感受和激情的更多信息，请参阅 Daniel M. Cable 的著作 *Alive at Work: The Neuroscience of Helping Your People Love What They Do*（Boston: Harvard Business Review Press, 2018）。

● 马丁·塞利格曼（Martin E. P. Seligman）是公认的积极心理学的创始人。他的广泛研究持续了几十年，影响了世界各地的心理学家。你可以找到许多他的关于幸福和幸福工作的文章、书籍和视频。关于真正幸福工作方面的著作，请参阅《真实的幸福》（第 6 版）（*Authentic Happiness: Using the New Positive Psychology to Realize Your Potential for Lasting Fulfillment*）（New York: Free Press, 2002）。想要深入了解他的 PERMA 幸福模型（积极情绪、参与、人际关系、意义和成就），请参阅《持续的幸福》（*Flourish: A Visionary New Understanding of Happiness and Well-Being*）（New York and Toronto: Free Press, 2012）。

● 有关缓解求生反应的策略，请参阅 Susan David 和 Christina Congleton 于 2013 年 11 月发表在《哈佛商业评论》的文章 *Emotional Agility: How Effective Leaders Manage Their Negative Thoughts and Feelings*。

● 米哈里·希斯赞特米哈伊（Mihaly Csikszentmihalyi）是心流理论的创始人，以数十年在积极心理学领域的钻研闻名于世。其关于创造力（激活求兴频道的关键）方面的著作，请参阅《创造力：心流与创新心理学》（*Creativity: Flow and the Psychology of Discovery and Invention*）（New York: HarperCollins Publishers, 1996）。

领导力大师系列
—— 重磅上市 ——

用大师的领导力思想，应对数字时代的深度变革

排名世界第一的领导力大师的传世之作，新东方创始人俞敏洪、清华大学教授杨斌领衔推荐，为你的精彩人生规划一份领导力蓝图。

ISBN：978-7-5043-8934-3
定价：79.00 元

哈佛商学院终身教授、变革领导力之父约翰 · 科特最新力作。本书堪称变革逻辑的颠覆性创新之作，组织变革和领导力提升的教科书级指导书。

ISBN：978-7-5043-8993-0
定价：79.00 元

本书为我们打开了“青色组织”与“自主管理”的大千世界，让各种新型管理做法闪亮登场，带我们领略这些充满生机与活力的组织新型管理实践。弗雷德里克 · 莱卢郑重推荐！

ISBN：978-7-5043-8984-8
定价：89.00 元